AF625670

blue notes
103

Freundschaft als »gelebte Philosophie« – dafür steht die herausragende Philosophin und Denkerin des 20. Jahrhunderts Hannah Arendt, die ein Leben lang zahlreiche und intensive Freundschaften pflegte. Hans Jonas nannte sie in seiner Trauerrede gar »ein Genie der Freundschaft«.

Dieter Lamping nähert sich der vielfältigen Persönlichkeit Hannah Arendts durch die Betrachtung ihrer wichtigsten Beziehungen zu Weggefährten und Vertrauten wie Walter Benjamin, Hans Jonas, Karl Jaspers, Mary McCarthy, Anne Weil u.a.m. Er zeigt anhand zahlreicher Originalzitate aus Arendts Briefwechsel, wie groß der Stellenwert der Freundschaft in ihrem Leben war und wie viel Hannah Arendt für ihre Freunde zu geben bereit war: Überaus fürsorglich, großzügig und gastfreundlich, scheute sie auch weite Reisen nicht, um ihre Freunde zu sehen, war nach Auseinandersetzungen, die es durchaus auch gab, bereit zu vergeben, und stets da, wenn sie gebraucht wurde – ja, man kann sagen, Hannah Arendt lebte regelrecht für die Freundschaft.

Dieter Lamping, geboren 1954 in Lohne/Oldenburg, ist ein deutscher Komparatist und Professor emeritus für Allgemeine und Vergleichende Literaturwissenschaft an der Johannes Gutenberg-Universität Mainz. Er lebt in Mainz.

Dieter Lamping

Hannah Arendt

Leben für die Freundschaft

Mit Grafiken
von Simone Frieling

ebersbach & simon

Inhalt

Vieler Menschen Freundin: Hannah Arendts soziales Leben

Nach dem Tod ihres Mannes Heinrich Blücher fiel es Hannah Arendt schwer, allein zu sein. Oft lud sie deshalb am Abend Gäste ein. Am 4. Dezember 1975 waren es die Eheleute Jeanette und Salo Baron, mit denen sie seit Langem befreundet war. Der 80-jährige Baron, in Tarnow geboren, in drei Fächern promoviert und als Rabbiner ordiniert, von 1930 bis 1963 Professor für Geschichte an der Columbia University, war eine akademische Berühmtheit. 33 Jahre zuvor hatte er der jungen deutschen Emigrantin, die 1941 in New York angekommen war, die Möglichkeit gegeben, ihren ersten Aufsatz auf Englisch zu veröffentlichen. Im Nachkriegs-Europa hatte sie dann für die von ihm geleitete *Jewish Cultural Reconstruction Corporation* nach jüdischen Kulturgütern gesucht, die von den Nationalsozialisten beschlagnahmt worden waren. Seither waren sie miteinander befreundet.

Hannah Arendt hatte ein anstrengendes Jahr hinter sich. Nach ihrem Herzinfarkt im Sommer 1974 hatte sie sich kaum geschont. Sie war auf Reisen gewesen, hatte Vorträge gehalten und Artikel geschrieben. Dieser Dienstag war für sie ein besonderer Tag: Sie hatte die erste Seite ihres neuen Buches *On Judging* (*Über das Urteilen*) in

die Schreibmaschine getippt. Als ihre Gäste eintrafen, war sie aber über die beiden Mottos nicht hinausgekommen. Nach dem Essen saß sie noch mit den Barons zusammen, begann plötzlich zu husten und wurde ohnmächtig. Sie war tot, als der Arzt und ihre Freundin und Assistentin Lotte Köhler, zu Hilfe gerufen, eintrafen: gestorben an ihrem zweiten Herzinfarkt – ein »Sekundentod«[1], wie ihre Freundin Helen Wolff schrieb.

Zu der Trauerfeier vier Tage später versammelten sich 300 Gäste. Zwei der engsten Freunde Hannah Arendts, Hans Jonas und Mary McCarthy, hielten Reden an ihrem Sarg. Im Mai wurde die Urne neben der ihres Mannes beigesetzt, auf dem Friedhof des Bard College nördlich von New York, an dem er Professor gewesen war. Wieder erinnerten alte Freunde an sie. So ist Hannah Arendt nicht nur im Beisein von Freunden gestorben, sie ist auch von Freunden zu Grabe getragen und betrauert worden.

Deren Trauer spiegelt viel vom Leben der Toten wider. Neben allem, was sie sonst noch als Person des öffentlichen Lebens darstellte, war sie eine große Freundin. Hans Jonas nannte sie in seiner Trauerrede sogar ein »Genie der Freundschaft«[2], also besonders begabt für sie. Wie Lessing, nach ihrem Wort, »vieler Menschen Freund«[3] sein wollte, war sie vieler Menschen Freundin. Ihr Freundeskreis war groß, und sie war leidenschaftlich befreundet. Schon die Anredeformeln ihrer Briefe lassen erkennen, dass sie Freundschaft genoss, sich von ihr belebt und beglückt fühlte. Ihre Freunde bedeuteten ihr viel, und sie tat viel für sie. Sie nahm weite Reisen auf sich, um sie zu sehen. Sie war fürsorglich, freigebig, half wie selbstverständlich auch mit Geld aus, sogar, als sie noch nicht viel hatte; war da, wenn sie gebraucht wurde, etwa bei Krankheit; setzte sich für Freunde ein, war anhänglich und, wenn es Zerwürfnisse gab, bereit, sich wieder zu versöhnen. Nicht zuletzt schenkte sie großzügig Gastfreundschaft. Hannah Arendt lebte für die Freundschaft, nicht nur für sie, aber auch für sie, und das nicht bloß zeitweise, sondern während ihres ganzen Erwachsenenlebens. Sie wusste, warum. Wie Lessing hielt sie dafür, dass in der Freundschaft »allein sich Menschlichkeit beweisen könne«.[4]

Nach Julia Kristeva hat ein Genie »eine denkwürdige Biografie«[5]; sein Leben bestehe nicht darin, wie sie mit einer Anspielung auf einen viel zitierten Satz Martin Heideggers schreibt, »dass es nur geboren wurde, arbeitete und starb«[6]. Jenseits seines Werks habe es »existiert«: denn es war »jemand«[7]. Auch Hannah Arendt war jemand. Sie hatte ein bewegtes Leben: als deutsche Jüdin, die noch rechtzeitig fliehen konnte; als Staatenlose auf zwei Kontinenten, die in ihrem Asylland eine große Karriere machte; als eine viel beachtete Theoretikerin und eine mitunter umstrittene Person des öffentlichen Lebens. Und sie hatte eine starke Persönlichkeit, zu der Eigensinn und Mut gehörten, Entschiedenheit und Treue. Neben ihrer Arbeit existierte sie als einzelner, besonderer Mensch. Ihr Leben lässt sich erzählen und ist längst erzählt worden. Es hat sich zusammen mit ihrem Denken eingeprägt: als das, was wir mit ihrem Namen verbinden.

Seit den 1950er-Jahren war Hannah Arendt in der Öffentlichkeit präsent. Mit ihrem ersten großen Buch *The*

Origins of Totalitarianism (*Elemente und Ursprünge totaler Herrschaft*) wurde sie 1951 bekannt. Seit 1959 war sie Gast-Professorin an amerikanischen Universitäten und trat als Rednerin bei verschiedenen Anlässen auf. Sie erhielt bedeutende Auszeichnungen und einige Ehrendoktorwürden. Mit ihrem Bericht *Eichmann in Jerusalem* wurde sie 1963 geradezu prominent, berühmt bei den einen, berüchtigt bei den anderen. Das Buch trug ihr ebenso viel Verehrung wie Feindschaft ein. Bis heute ist es umstritten, obwohl seine Verdienste nicht zu übersehen sind. Aufmerksamkeit erregte sie zudem mit gelegentlichen politischen Einlassungen, etwa zur Behandlung der Schwarzen in den USA und zum Vietnamkrieg, noch nach ihrem Tod auch mit ihren aus eigener Erfahrung gewonnenen Gedanken zur Situation von Flüchtlingen.

In die Öffentlichkeit trat Hannah Arendt redend und schreibend, mit Büchern, Vorträgen und Interviews.[8] Hinter der öffentlichen war jedoch die private Person kaum sichtbar. Erst nach ihrem Tod wurde dieser Teil ihrer Existenz erkundet. Sie selbst hätte das zu Lebzeiten kaum geduldet. Doch die Macht über ihr Bild in der Öffentlichkeit verlor sie mit dem Tod. Dieses Problem hat sie zweifellos gekannt, etwa von Franz Kafka her, dessen amerikanische Werkausgabe sie als Lektorin des Schocken Verlags betreut hat. Seiner Lebensgeschichte bemächtigte sich posthum eine wissbegierige Öffentlichkeit, die mehr über ihn in Erfahrung bringen wollte, als ihm recht gewesen wäre.[9] Hannah Arendt mag aus Kafkas Beispiel gelernt haben. Vor ihrem Tod sichtete sie unveröffentlichte Aufzeichnungen und private Korrespondenzen und entschied, was archiviert werden sollte. Dazu gehören auch zahlreiche Freundesbriefe, die inzwischen veröffentlicht sind. Neben den Gesprächen sind es besonders diese Briefe, in denen ihre Freundschaften gelebt wurden.

Über Hannah Arendt als Freundin zu sprechen, ist einigen Schwierigkeiten ausgesetzt. Da ist zum einen die Paradoxie, in einem öffentlichen Diskurs ergründen zu wollen, was wesentlich privat ist. Da ist zum anderen die beschränkte Basis des Wissens. Hannah Arendt hat nur über wenige ihrer Freunde, wie Walter Benjamin, Waldemar Gurian oder Randall Jarrell, geschrieben, dabei über ihr freundschaftliches Verhältnis kaum etwas verlauten lassen. Über ihre Freundschaften haben wir vor allem Kenntnis durch ihre Korrespondenzen und durch Berichte einiger ihrer Freunde, die nach ihrem Tod geschrieben wurden. Dieses Wissen ist nicht bloß vermittelt, weshalb seine Deutung immer zu diskutieren bleibt; es ist auch fragmentarisch, es bricht lediglich einige Stücke aus dem Ganzen der jeweils gelebten Beziehung. Schließlich ist es als Wissen noch nicht Teilhabe an den Freundschaften, die Dritten im Letzten verschlossen bleiben.

Hannah Arendt war in ihrer privaten Existenz ein ungewöhnlich sozialer Mensch, der in verschiedenen Rollen lebte. Sie war Tochter, Stiefschwester, Nichte und Cousine, Geliebte und Ehefrau, schließlich Freundin. Eine Rolle übernahm sie nicht: Mutter wollte sie nicht sein. Ihr soziales Leben hatte drei Schwerpunkte: Familie, Liebesverhältnisse und Freundschaften.

Hannah Arendts Familie und ihre weitere Verwandtschaft[10] gehörten zum jüdischen Bürgertum Königsbergs.

Ihre Mutter Martha Arendt, geborene Cohn, hatte drei Geschwister und sechs Nichten und Neffen; zu einigen hielt die Tochter Verbindung. Der Vater Paul Arendt hatte nur eine Schwester; seine Frau heiratete aber sieben Jahre nach seinem Tod erneut, den gleichfalls verwitweten Martin Beerwald. Er brachte zwei Töchter mit in die Ehe, Hannah Arendts Stiefschwestern Clara und Eva. Clara, eine begabte Pianistin, beging früh Selbstmord, mit Eva verband Hannah wenig.

Paul Arendt starb, als Hannah sieben war, Martha überlebte ihn um 35 Jahre. Die Tochter holte, nachdem sie emigriert war, die inzwischen wieder verwitwete Mutter nach Paris und nahm sie dann mit nach New York. Sieben Jahre lebte Martha bei Hannah und deren zweitem Mann in einer kleinen Wohnung, bis die Spannungen, vor allem zwischen Schwiegermutter und Schwiegersohn, nicht mehr auszuhalten waren. Martha Arendt reiste 1948 zu ihrer Stieftochter Eva nach London und starb plötzlich auf der Überfahrt.

Der zweite Schwerpunkt im sozialen Leben Hannah Arendts waren ihre Liebesverhältnisse und Ehen. Das erste für ihr Leben wichtige Verhältnis war das zu Martin Heidegger; es war ebenso leidenschaftlich wie aussichtslos. Er war nicht nur erheblich älter als sie, sondern auch verheiratet. Die erste Ehe führte Hannah Arendt mit Günther Stern, dessen Namen sie auch für eine Zeit annahm. In Marburg lernten sie sich kennen, 1929 heirateten sie, lebten in Heidelberg, Frankfurt am Main und Berlin. Dort nahm Stern das Pseudonym Anders an, unter dem er für den *Berliner Börsen-Courier* schrieb, nachdem sein

Plan, sich in Frankfurt zu habilitieren, gescheitert war. Als Günther Anders machte er sich nach dem Krieg einen Namen als Philosoph und Schriftsteller. Das Paar emigrierte 1933 nach Paris; 1937 wurde die Ehe geschieden. Erst spät eröffneten sich dem Emigranten Günther Anders Möglichkeiten einer akademischen Laufbahn, die er aber ausschlug. Wie Hannah Arendt war ihm der akademische Betrieb suspekt. Berühmt wurde Anders, der als Atomkriegsgegner etwa 1967 dem Russell-Tribunal angehörte, vor allem mit seinem Buch *Die Antiquiertheit des Menschen*. Sein einziger Roman, den seine Frau 1933 mithilfe einer Freundin aus Deutschland geschmuggelt hatte, erschien erst kurz vor seinem Tod.

Hannah Arendts zweiter Mann war der sieben Jahre ältere Heinrich Blücher, eine im Letzten nicht ganz durchschaubare Persönlichkeit. Nicht nur er, auch ihrer beider Verbindung blieb manchen ein Rätsel. Die Ansichten über ihn gehen auseinander. Mary McCarthy nannte ihn, einer Sprachregelung der Freundin folgend, deren »Lehrer«[11], allerdings den letzten. Alfred Kazin, der mit dem Paar eine Zeit lang befreundet war, sprach von ihm weniger respektvoll als dem »stürmischen, gelegentlich erschreckend wirrköpfigen Ehemann«[12], einer »Art von inspiriertem Verrückten«[13].

Blücher stammte aus einer Arbeiterfamilie; eine gelegentlich behauptete Verwandtschaft mit dem preußischen General von Blücher ist nicht erwiesen. Nach der Volksschule besuchte er kurz eine Lehrerschule – Lehrer war damals noch nicht notwendig ein akademischer Beruf. Im Ersten Weltkrieg war er Funker. Er nahm 1919 am

Spartakistenaufstand in Berlin teil und wurde Mitglied der KPD. In den 1920er-Jahren scheint er deren antistalinistischem Flügel angehört zu haben. 1933 floh er nach Prag und, als er aus der Tschechoslowakei ausgewiesen wurde, 1935 nach Paris. Dort lebte er im Untergrund, begegnete Hannah Arendt und zog mit ihr zusammen, bevor sie 1940 heirateten. Erst bei der Gelegenheit erfuhr sie, dass er bereits zwei Ehen eingegangen war. Mit ihr emigrierte er 1941 in die USA und lebte bis zu seinem Tod in New York.

Blücher unternahm lange wenig Anstalten, sich und seine Frau zu ernähren, was zu erheblichen Spannungen mit seiner Schwiegermutter führte. Hannah Arendt verdiente in dieser Zeit das Geld für ihrer beider Lebensunterhalt. Durch Zufall kam Blücher in den 1950er Jahren an die New School of Social Research, an der er Kunstgeschichte unterrichtete, bis er Professor für Philosophie am Bard College wurde. Er hat kaum etwas veröffentlicht. Sein Ruf gründete sich nicht zuletzt auf sein durchaus professorales Auftreten. Wohlwollende verglichen ihn mit Sokrates. Mitschnitte einiger seiner Vorlesungen, die sich erhalten haben, bestätigen diese Ansicht nicht.

Der dritte Schwerpunkt des sozialen Lebens von Hannah Arendt waren ihre Freundschaften, die sie mit ganz unterschiedlichen Menschen schloss. Keine ihrer Freundinnen glich ihr, auch keiner der Freunde. Sie waren nicht unbedingt gleichen Alters mit ihr, und ihre Lebensläufe waren durchaus verschieden, untereinander, aber auch im Vergleich zu ihrem. Viele waren Juden, aber keineswegs alle. Nicht wenige von ihnen waren Intellektuelle, zumal Schriftsteller und Philosophen, einer, Eric Hoffer, den sie während ihrer Zeit in Berkeley kennenlernte, war Hafenarbeiter und erst im Nebenberuf Autor. Manche waren berühmt, wie Karl Jaspers oder Mary McCarthy, andere wie Hilde Fränkel würde man nicht mehr kennen, wäre Hannah Arendt nicht mit ihnen befreundet gewesen.

Manche ihrer Freundschaften überdauerten Jahrzehnte. Manche endeten einfach, manchmal durch den Tod der Freundin oder des Freundes wie bei Hilde Fränkel und Waldemar Gurian, andere zerbrachen im Streit wie die mit Gershom Scholem. Wieder andere wurden zeitweise unterbrochen und dann wieder aufgenommen wie die mit Hans Jonas. Manche wurden auch über lange Zeit nicht eng wie die zu Helen Wolff. Jede der Freundschaften hat ihre eigene Geschichte. Besonderes Interesse verdienen die mit Männern und Frauen, die selbst ein mehr oder weniger öffentliches Leben führten: Anne Mendelsohn, verheiratete Weil, Hans Jonas, Kurt Blumenfeld, Walter Benjamin, Hermann Broch, Uwe Johnson, Mary McCarthy und Karl Jaspers.

Hannah Arendts Freundschaften hatten ihre Orte: die Orte, an denen sie entstanden, etwa Königsberg, Marburg, Heidelberg, Berlin, Paris oder New York, und die Orte, an denen sie gepflegt wurden. Einige von ihnen waren Ferienorte wie Palenville in den Catskills oder Tegna im Tessin. Hannah Arendts Freundschaften hatten auch ihre Räume, wie etwa das Haus des Ehepaars Jaspers in Basel. Die wichtigsten dieser Räume aber waren ihre New Yorker Wohnungen.

»Bewirtet wurde man bei ihr«, schrieb Uwe Johnson nach Hannah Arendts Tod, »in der Bibliothek, einem

Zimmer zum Durchgehen mit Hoffenster; wie kann man denn in New York leben und kein Berliner Zimmer haben!«[14] Oft beschrieben wurde auch, was Arendt ihren Gästen sogleich alles auftrug: »Bonbons, kandierte Früchte, Plätzchen, ›Port‹«[15] – von den großen Abendessen nicht zu reden. Solche Bewirtung gehörte zu ihren Ritualen der Freundschaft.

Als Hannah Arendt ihre spätestens durch den Film von Margarethe von Trotta berühmt gewordene Wohnung am Riverside Drive Anfang 1960 bezog, beschrieb sie Gertrud Jaspers die Räume: »Beide Arbeitszimmer mit fantastisch schönem Blick auf den Fluss. Ganz ruhig, weder Straße noch Nachbarn zu hören. Vier große, gut geschnittene Zimmer und ein kleines Zimmer. Sehr nette Küche mit Anrichteraum. Reichlichstes Nebengelass. Riesen Wandschränke, in die man zum Teil richtig hineingehen kann. Das Haus sehr anständig gehalten mit einem Doorman tags und nachts. [...] Der Preis genauso hoch, wie wir es als Maximum beschlossen hatten, was aber für das, was wir haben, nicht zu viel ist. Alles ›equipment‹ – Küchenofen, Eisschrank, Abwasch, Badewanne, etc. nagelneu. Außerdem 2 volle Badezimmer und eine Toilette mit Sitzwanne.«[16]

Die Wohnung in Manhattan mit Blick auf den Hudson River und die Washington Bridge war das sichtbare Zeichen dafür, dass Hannah Arendt und Heinrich Blücher sich nach fast 20 Jahren in den USA etabliert hatten. Sie wurde ein Ort freundschaftlicher Geselligkeit, mit großen und kleinen Gesellschaften wie den ausgelassenen Silvesterpartys.

Dass private Räume ein besonderer Ort für Geselligkeit sind, mag Hannah Arendt von Rahel Varnhagen gelernt haben, der großen Berliner Salondame, über die sie ein einflussreiches Buch schrieb. Ein Salon, wie Rahel Varnhagens Wohnungen es waren, wurde das Apartment am Riverside Drive allerdings nur in der einen Hinsicht: dass in ihm eben Gäste empfangen wurden. Anders als Rahel führte Hannah Arendt kein offenes Haus, auch wenn manchmal Freunde unangemeldet vor der Tür standen und klingelten. Sie zog es vor, einzuladen, schon um ihre Arbeitszeiten zu schützen.

Immer noch die beste Freundin: Anne Weil

Als ihr alter Freund Kurt Blumenfeld Hannah Arendt im März 1953 mitteilte, dass er nach Europa reisen werde, fragte sie ihn in ihrem Antwortbrief, ob er auch in Paris sein und sich »bei Anne melden«[17] werde. »Du besinnst Dich: Annchen Mendelsohn, jetzt Anne Weil. Immer noch die ›beste Freundin‹ wie in Kinderzeiten«[18]. Seit Kinderzeiten waren die beiden Frauen zwar nicht befreundet, Hannah war 14, als sie Freundschaft schlossen, Anne drei Jahre älter. Hannah Arendt mag auch, gleichzeitig oder nacheinander, mehrere ›beste Freundinnen‹ gehabt haben. Anne Weil war aber auf jeden Fall ihre älteste Freundin. Ihre Freundschaft hielt bis zu Arendts Tod.

Die Geschichte ihres Kennenlernens hat Elisabeth Young-Bruehl erzählt[19]; wer ihre Quelle war, ist nicht schwer zu erraten. Annelise, genannt Anne, war eine Nachfahrin Moses Mendelssohns, von der Hannah Arendt durch Freunde gehört hatte. Ihre Familie hatte Bedenken, als sie den Wunsch äußerte, sie kennenzulernen, denn Annes Vater, ein Arzt, verbüßte gerade eine Gefängnisstrafe. Hannah setzte sich über diese Bedenken einfach hinweg. Sie riss eines Nachts aus und fuhr allein von Königsberg nach Stolp, um die drei Jahre ältere Anne kennenzulernen. Es war das erste Mal, dass sie in ihrem Verhalten zeigte, wie wichtig ihr Freundschaft war – sogar wichtiger als die Regeln der Familie.

Anne Mendelsohn wuchs in Stolp und Allenstein auf, wohin die Familie nach der Haftentlassung des Vaters umzog. Sie studierte, wie Hannah, Philosophie, erst in Heidelberg, dann in Hamburg, und promovierte 1931 mit einer Arbeit über die Sprachphilosophie Wilhelm von Humboldts bei Ernst Cassirer. 1933 verließ auch sie Deutschland, im folgenden Jahr heiratete sie in Luxemburg Erich Weil, später Eric Weil, den sie während ihres gemeinsamen Studiums in Hamburg kennengelernt hatte. Auch Weil, in Parchim geboren, war ein Schüler Cassirers. Anne lebte danach, mit ihm und ihrer Schwester Käte, später Catherine, in Paris. 1938 nahm sie die französische Staatsbürgerschaft an.

Zwei Jahre später trat Eric Weil in die französische Armee ein, unter dem Namen Henri Dubois. Er geriet bald in deutsche Kriegsgefangenschaft und wurde erst am Kriegsende daraus entlassen. Seine wahre Identität und seine jüdische Herkunft blieben unentdeckt; das hat ihm das Leben gerettet. Anne und Catherine schlossen sich der Résistance an und lebten im Untergrund, unter teilweise primitiven Bedingungen versteckt an verschiedenen Orten. Nach der Befreiung erhielt Anne eine Stelle im Wirtschaftsministerium. 1947 war sie Mitglied der französischen Delegation bei den Genfer Verhandlungen über das Allgemeine Zoll- und Handelsabkommen, das unter dem Namen GATT bekannt wurde (*General Agreement on Tariffs and Trade*). Danach arbeitete sie für die Montanunion und die Europäische Wirtschaftsgemeinschaft (EWG) in Luxemburg und Brüssel. Sie gehörte damit, als Frau, zur ersten Generation der Spitzenbeamten, die gegen allerlei Widerstände und in meist kleinen Schritten an einer Einigung Europas arbeiteten. Nach der Pensionierung betreute sie Strafgefangene und half ihnen, Schul- oder Hochschulabschlüsse zu erlangen. Ansonsten war sie stille Mitarbeiterin ihres Mannes, der Anfang der 1950er-Jahre Titularprofessor in Lille, dann Ende der 1960er-Jahre Lehrstuhlinhaber in Nizza wurde. Nicht selten wird sie bis heute vor allem als Ehefrau wahrgenommen.

Hannah Arendt und Anne Weil lebten zweimal für einige Jahre in derselben Stadt: vor 1933 in Berlin und nach 1933 in Paris als Exilantinnen. Als Hannah 1941 in die USA ausreiste, trennten sich ihre Wege. Danach trafen sie sich nur noch, wenn die eine die andere besuchte, mal für Tage, mal für länger, immer mit einigen Aufwand: in Paris, Luxemburg, Brüssel oder New York, später in Tegna, Hannahs Arendts Urlaubsort im Tessin. Meistens – und am liebsten – verbrachten sie diese Zeiten miteinander, ohne ihre Ehemänner. Hannah Arendt befreundete sich so wenig mit Eric Weil wie Anne Weil mit Heinrich Blücher. Anne wurde auch nicht Freundin anderer Freunde und Freundinnen Arendts, wenngleich sie Karl Jaspers besuchte und Mary McCarthy kennenlernte. Ihrer beider Freundschaft blieb exklusiv.

Über lange Zeit tauschten sie notgedrungen nur Briefe aus. Doch auch diese Verbindung riss zeitweise ab. Im Krieg hörten sie nicht voneinander. Die Briefe Hannah Arendts, auch die späteren, scheinen zudem größtenteils verloren zu sein. Anne Weil könnte, bei Lage der Dinge, deshalb die Hauptperson ihrer beider Korrespondenz sein – wäre sie ein Mensch gewesen, der eine Hauptrolle spielen wollte.

Ihre Briefe zeichnen sich durch Bescheidenheit und Sachlichkeit aus. Von sich machte sie nicht viel Aufhebens, selbst wenn es nahe gelegen hätte. So erwähnte sie wohl gelegentlich, wie sie nach und nach Karriere in der europäischen Verwaltung machte, nicht zuletzt durch ihre Fähigkeit, sich schnell in ganz neue Gebiete einarbeiten zu können, aber sie hielt sich dabei nicht lange auf. Nicht zu übersehen ist, dass sie uneitel war und keine Angst vor Herausforderungen hatte: »weil es immer spaßig ist, am Anfang von etwas Neuem dabei zu sein«[20]. Doch auch mit dieser Stärke renommierte sie nicht.

Anne Weil machte meist nicht viele Worte, auch keine großen. Selten schrieb sie erregt. Sie berichtete lieber, wägte ab, schränkte ein, bedachte, nahm sich meist zurück und sprach mehr über andere als über sich. Was sie zu sagen hatte, brachte sie gern auf den Punkt. Als der Krieg vorbei war, fasste sie ihre Gefühle in einem Bild zusammen: »Viele widersprüchliche Strömungen: trotz allem und vor allem die Freude, am Leben zu sein – genau das Gefühl, das man hat, wenn man aus einem umgestürzten Auto hervorkriecht: Schmerzen und blaue Flecken überall, aber froh, am Leben zu sein!«[21]

Meist hielt sie kommentarlos fest, was sie wahrgenommen oder erlebt hatte. Menschen, die ihr oder der Freundin begegneten, behandelte sie gern als »Studienobjekte, die uns über den Weg laufen«[22]. So hielt sie es auch, als

Eichmann in Jerusalem zum Skandal wurde und eine heftige Kampagne vor allem von jüdischer Seite gegen Hannah Arendt auslöste: »Wie geht es dir?«, fragte sie die Freundin: »Ich bange mich schrecklich nach Dir. […] Das kleine Welttheater, das Du mithilfe Deines Skandals vorgespielt bekommst, – ja, ich kann mir vorstellen, dass es zum großen Teil recht widerwärtig, und zum Teil überraschend ist. Macht es wenigstens das Buch zum Bestseller?«[23]

Solche Nüchternheit war nicht Teilnahmslosigkeit. Anne Weil hatte ihre eigene Einstellung zur Welt und dachte offenbar nicht daran, sich ähnlich wie die Freundin zu exponieren. Dabei mag Vorsicht im Spiel gewesen sein, aber auch ein Sinn für Selbstschutz. Hannah Arendt lobte, Hilde Fränkel gegenüber, Annes »mir ganz fremde Fähigkeit, sich zu bewahren, so zu bleiben, wie sie nun einmal ist, sich nie ganz zu riskieren«[24]. Das dürfte tatsächlich ihre Haltung gewesen sein.

1949 berichtete Anne Weil von ihrer Arbeit, sie sei »sozusagen Spezialist für alles geworden«, man stelle sie »in alle Ecken«: »In der letzten Ecke«, also ihrem letzten »Job«, habe sie »sozusagen leider zu viel Erfolg gehabt, meine Anonymität hat darunter gelitten«[25]. Wie vieles in den Briefen Anne Weils ist auch das eher beiläufig gesagt, verrät aber viel über sie. Sie wollte ihre Anonymität schützen: möglichst unerkannt bleiben, nicht herausgehoben werden. Es ist nicht zu entscheiden, ob sie diese Haltung in der Résistance angenommen hat oder noch früher, vielleicht als Folge der Verurteilung ihres Vaters, oder ob sie zu ihrem Charakter gehörte, dem Naturell einer Beobachterin und Selbstbeobachterin.

Bei der Unterschiedlichkeit der Persönlichkeiten kann es nicht verwundern, dass es gelegentlich Streit gab zwischen den Freundinnen, wohl auch Verstimmungen. Vor allem Hannah scheint der Freundin mitunter unbequeme Wahrheiten – oder was sie dafür ansah – zugemutet zu haben. Doch Anne brachte das offenbar nicht aus dem Gleichgewicht oder sie ließ es sich nicht anmerken.

Einmal sprach Hannah Arendt von Annes alter Neigung zur Lüge. Die kam im nächsten Brief darauf zurück, keineswegs beschämt, eher sachlich gab sie kurz und knapp ihren Gedanken dazu wieder: »Ich lüge tatsächlich nicht mehr aus Vergnügen, nur noch da, wo es wirklich nützlich ist, und selbst da nicht oft. Jetzt wo Du mir das klarmachst, frage ich mich, warum eigentlich nicht. Ich glaube, vor allem haben es mir meine Tipsen verleidet, die lügen, wie man atmet, man so, aber nie pour l'amour de l'art, sondern immer aus irgendwelchen Geld- oder verwandten Gründen. Dann war die ganze Besatzungszeit derartig auf permanenter Lüge aufgebaut, dass für mich der Friede unter anderem bedeutete, mal die Wahrheit sagen zu können.«[26]

1956 erinnerte sich Anne Weil daran, dass Hannah Arendt zu ihr gesagt habe, sie »sei ein unpolitisches Wesen«. Sie reagierte auch darauf so sachlich-zurückhaltend wie auf fast alles: »Ich glaube, Du hast völlig recht.«[27] Damals war sie bereits zehn Jahre in der politischen Verwaltung tätig, hatte hochrangigen internationalen Delegationen angehört und bekannte Politiker aus nächster Nähe erlebt. Aber sie war offenbar bereit, ihre Freundin in dem Glauben zu belassen, sie, die Theoretikerin, habe von ihnen beiden den politischen Sachverstand. Auf ihre Wahrheit kam es ihr nicht so an.

Zwar redete auch Anne Weil mitunter »Tachlis«[28]. Anders als ihr Mann lobte sie zumeist die Sonderdrucke, die ihr die Freundin übersandte. Einverstanden mit allem, was sie las, war sie dennoch nicht. Über den Antisemitismus, wie Hannah Arendt ihn in *Elemente und Ursprünge totaler Herrschaft* dargestellt hat, konnten sie sich offenbar nicht einigen.

Doch manch andere mögliche Streitpunkte ließen sie aus. Anne Weil war von Heinrich Blüchers Verhalten zumindest zeitweise genauso wenig angetan wie Hannah Arendt von dem Eric Weils. Blücher ließ sie meist grüßen, ohne, wie andere Freunde auch, eine Antwort zu erhalten. Als er einmal einen Brief seiner Frau mit einem P. S. versehen hatte, schrieb Anne in einer für sie typischen Reflexionsbewegung: sie habe sich »derart gefreut, dass es mich direkt geärgert hat. Genügt es wirklich, sich genügend rar zu machen, damit nachher drei Zeilen genügen, um den anderen zu begeistern?«[29] Das hätten auch andere Freunde Hannahs Arendts schreiben können, aber sie tat es.

Es ist nicht zu erkennen, ob Anne Weil ahnte, wie kritisch die Freundin wiederum ihre Ehe sah. 1950 etwa schrieb Hannah Arendt von Paris an Hilde Fränkel: »Die Verhältnisse im Hause von Annchen beyond belief«[30]. Hannah Arendt fand Eric Weil schwer erträglich. 1950 ließ sie Blücher aus Anlass eines Besuchs bei der Freundin in Paris wissen, Anne komme ihr »wie ein dickes unglückliches Kind« vor: »Wie man mit dem ewigen Besserwissen und Alles-bereits-Wissen überhaupt leben kann, ist mir schleierhaft. Er ist beinahe aggressiv gegen sie, wenigstens in meiner Gegenwart, vermutlich aus reinem Neid, weil ich es so offenkundig mache, dass ich nur Annchens wegen im Grunde komme.«[31]

Die Freundschaft zwischen den beiden Frauen, die sich länger kannten als sie jeweils ihre Männer, war auch auf diese nicht übertragbar. Möglich, dass sie andere ausschloss; möglich auch, dass die Gemeinsamkeiten, die durch die unterschiedlichen Lebenswege kaum noch wachsen konnten, eher abnahmen und gerade noch für sie beide reichten. Doch weder die eine noch die andere war bereit, es etwa über der Wahl des Ehemanns oder anderen Differenzen zum Bruch kommen zu lassen.

Die Ruhe und Unaufgeregtheit, die aus den Briefen Anne Weils sprechen, mögen deshalb nicht nur in ihrem Charakter gegründet sein, sondern auch im Charakter der Freundschaft. Offenbar hielten es beide Frauen wie Lessings Nathan. In ihrer Rede zur Verleihung des Lessing-Preises lobte Hannah Arendt dessen »Weisheit«, die »nur darin« bestehe, »dass er bereit ist, die Wahrheit der Freundschaft zu opfern«[32]. Auch sie und Anne Weil hätten ihre Freundschaft nicht für eine ›Wahrheit‹ aufgegeben.

Für beide Frauen stand ihre Beziehung nicht zur Disposition. Sie hielten trotz aller Unterschiede an ihr unbeirrt fest. Wie viel Nähe sie am Ende noch vertrug, ist schwer zu beurteilen. Als Heinrich Blücher Ende 1970 starb, hielt Anne Weil sich zurück. Erst im folgenden Jahr besuchte sie die Freundin; es scheint ein schwieriger Besuch gewesen zu sein. Beide vereinbarten dann, dass sie an der Beerdigung der anderen nicht teilnehmen würden. Doch auch dieses Mal kam es nicht zum Bruch.

Einiges mag sie verbunden haben: die Herkunft aus Ostpreußen, das für sie beide Heimat blieb, auch wenn es nicht mehr das Zuhause war, das sie anderswo gefunden hatten; ihr Jüdischsein, das sie beide nicht infrage stellten; Geradlinigkeit im Umgang mit Menschen und Pragmatismus im Handeln; eine bürgerliche Tüchtigkeit, von der beide nicht viel Aufhebens machten, auch wenn sie, nicht ihre Ehemänner, lange den Lebensunterhalt verdienten; schließlich wohl bei beiden bewusste Kinderlosigkeit, die es ihnen auch erlaubte, sich um nahe Verwandte zu kümmern: Anne nahm ihre Schwester in ihren Haushalt auf, Hannah zeitweise ihre Mutter.

Die Selbstverständlichkeit ihrer freundschaftlichen Verbundenheit hat Anne Weil in einem schönen Vergleich ausgedrückt, als die Freundin sich einmal bei ihr entschuldigte: »Denk doch dran, dass ich es absolut nicht abkann […], wenn Du sagst, ›dass Du mich belästigst‹. Wann wirst Du endlich begriffen haben, dass wir eins sind – sodass man ohne große Geschichten dem anderen aufhalst, was man sich so aufhalst – eventuell fluchend; aber wenn Du einen Sack von einer (Deiner eigenen!) Schulter auf die andere nimmst, bittest Du doch auch nicht um Entschuldigung.«[33]

Beiden Frauen gemeinsam war schließlich auch die Verbundenheit mit einer anderen, schon toten Frau: mit Rahel Varnhagen. Offenbar hat Anne Weil sie für sich zuerst entdeckt. Bei einem Buchhändler in Allenstein erwarb sie *Rahel. Ein Buch des Andenkens für Freunde*, die dreibändige Sammlung ihrer Briefe, die Karl August Varnhagen von Ense nach dem Tod seiner Frau herausgegeben hatte. Als auch Hannah Arendt Interesse an dieser großen Jüdin entwickelte und sich entschloss, über sie zu schreiben, gingen die Bücher in ihren Besitz über[34]. Anne Weils und Hannah Arendts Interesse an Rahel Varnhagen ist nicht schwer zu erklären. Sie war die erste bedeutende deutsche Jüdin der neueren Zeit, zugleich die erste assimilierte, eine Frau mit philosophischen und literarischen Neigungen, dabei warmherzig und klug, eine aufmerksame Beobachterin von klarem Verstand[35].

Über Rahel werden sich die Freundinnen eingehend ausgetauscht haben, aber mündlich, im Gespräch; im Briefwechsel findet sich davon sonst so gut wie nichts. Arendt aber vergaß nicht, als die Veröffentlichung ihres zwischenzeitlich schon aufgegebenen Buches nach mehr als 20 Jahren endlich anstand, wem sie die Anregung verdankte. Sie fragte Anne Weil, ob sie ihr es widmen dürfe. Als das Buch 1959 in der deutschen Fassung erschien, lautete die Widmung: »Für Anne / seit 1921«. Das war kurz und diskret, nur für die Freundinnen verständlich.

Der vollkommen Vertraute: Hans Jonas

Hans Jonas war der älteste Freund Hannah Arendts, nur mit Anne Weil war sie länger verbunden. Sie kannte ihn 51 Jahre, als sie 1975 starb. Von ihrer Freundschaft weiß man Genaueres vor allem durch ihn. Er hat sie um 18 Jahre überlebt, und er ist der Freund, der über sie am ausführlichsten berichtet hat. Andere wie Karl Jaspers oder Dolf Sternberger, auch Erich Heller, haben einzelne ihrer Arbeiten gewürdigt. Das hat auch Hans Jonas getan, aber er hat außerdem noch von ihrer beider Freundschaft erzählt, außer in seiner Trauerrede auf sie vor allem in seinen zuerst auf Band gesprochenen, dann gedruckten *Erinnerungen*. In ihnen hat er sich voller Achtung und Zuneigung, ja Liebe und doch nicht ohne Vorbehalte über sie geäußert. Jonas war selbst zur Freundschaft begabt, und er konnte letztlich auch Spannungen in einer Freundschaft aushalten, wie er sie mit Hannah Arendt erlebt hat.

In dem halben Jahrhundert, das ihre Freundschaft dauerte, lebten auch sie lange räumlich voneinander getrennt, auf verschiedenen Kontinenten, er etwa in Palästina, sie in den USA. Zeitweise waren sie auch weniger geografisch als geistig voneinander entfernt. Ihre Freundschaft ging spät durch eine tiefe Krise, als sie schon lange scheinbar selbstverständlich im Einvernehmen miteinander gewesen waren.

Sie lernten sich 1924 in Marburg kennen, blieben auch nach ihren Promotionen einander verbunden, nicht zuletzt, weil Arendts erster Mann, Günther Stern, ein enger Freund von Jonas war. 1933 emigrierte Jonas zunächst nach London, besuchte die Sterns aber noch gelegentlich in Paris, bevor er 1935 nach Palästina ging. Nach Kriegsausbruch trat er gleich der Britischen Armee bei, seit 1943 gehörte er der Jewish Brigade Group an. 1945 war er in Deutschland stationiert, besuchte seine Heimatstadt Mönchengladbach und alte Bekannte. Schließlich kehrte er nach Palästina zu seiner Frau zurück und trat in die israelische Armee ein. 1949 nahm er seinen Abschied und verließ das Land. Er siedelte nach Montreal über; wenig später erhielt er einen Ruf als Philosophieprofessor nach Ottawa.

In dieser Zeit besuchte er Arendt und Blücher gelegentlich in New York. 1955 wurde er dann an die New School of Social Research berufen, an der auch Arendt lehrte. Jonas und seine Frau Eleonore, genannt Lore, wohnten im nahen New Rochelle und waren regelmäßig Gäste der Blüchers. Sie wurden ein fester Teil ihres ›Stammes‹: so hieß der Kreis alter Freunde[36], der zumeist aus jüdischen Emigranten bestand und in dem Deutsch gesprochen wurde.

Als Jonas und Arendt sich kennenlernten, beide in ihrem erstem Semester in Marburg, waren sie die »einzige[n] Juden«[37] in einem Seminar des evangelischen Theologen Rudolf Bultmann, dem sie auch später noch verbunden blieben. Sie beide waren bewusste Juden, aber auf unterschiedliche Weise. Das war lange kein Problem für sie.

Hannah Arendt war 18 Jahre alt, als sie sich begegneten, aber bereits »eine faszinierende, anziehende, bezaubernde Person«[38], wie Jonas noch als alter Mann in seinen *Erinnerungen* schwärmte. Er war drei Jahre älter als sie und hatte schon in Freiburg bei Martin Heidegger und danach in Berlin studiert, unter anderem an der Hochschule für die Wissenschaft des Judentums. Nach Marburg kam er, weil Heidegger inzwischen dorthin berufen worden war. Dessen Veranstaltungen besuchten sie beide. Sie sahen sich täglich und gingen mittags gemeinsam essen. Er besuchte sie auch gelegentlich in ihrer Dachwohnung in der Lutherstraße und wurde ihr wichtigster studentischer Kontakt in dieser Zeit: ihr »Confidant«[39].

Fast, so erzählt es Jonas, hätte sich zwischen ihnen eine Liebesbeziehung entwickelt. Aber da eröffnete – oder beichtete – sie ihm ihr Verhältnis mit Heidegger. Vermutlich war Jonas der Einzige, der damals davon erfuhr. »Von dem Augenblick an«, schreibt er, »war es besiegelt, dass es zwischen Hannah und mir keine erotische Liebesbeziehung geben durfte«[40]. Genau das festigte jedoch die Freundschaft: »Ich wurde dadurch, dass sie genötigt gewesen war, mir – um zu verhindern, dass unsere Freundschaft zerbrach – etwas zu erzählen, was sie mir sonst nicht erzählt hätte, zu ihrem vollkommen Vertrauten. Daraus entstand eine lebenslange Freundschaft«[41].

Über Heidegger zerbrach ihre Freundschaft nicht – nicht über der Tatsache, dass er ein Verhältnis mit seiner Studentin begann, wobei sie nicht die Einzige war, auch später nicht über sein Verhalten 1933 als Rektor der Freiburger Universität. Sie waren beide entsetzt, als er sich den Nationalsozialisten andiente. Hannah Arendt verzieh ihm jedoch. Die oft auch ihm gestellte Frage, warum sie das konnte, hat Jonas denkbar knapp »mit einem Wort« beantwortet: »›Liebe. Und die verzeiht vieles‹«[42]. Jonas hingegen brach mit Heidegger. Als er nach dem Krieg, als Soldat der jüdischen Brigade der British Army, nach Deutschland zurückkehrte, suchte er Jaspers und Bultmann auf, Heidegger jedoch nicht. Spät kam es zwar noch zu einer Begegnung, die aber Jonas im Urteil über seinen ehemaligen Lehrer nicht beirrte. Seine Bedeutung als Philosoph, seine »Originalität des Denkens«[43] zog er nicht in Zweifel. Doch das »Einschwenken des tiefsten Denkers der Zeit in den tosenden Gleichschritt der braunen Bataillone erschien mir als katastrophales Debakel der Philosophie, als welthistorische Blamage, als Bankrott philosophischen Denkens«[44].

Zum Zerwürfnis zwischen Arendt und Jonas kam es erst, als *Eichmann in Jerusalem* erschien. Jonas hatte offenbar schon zuvor eine distanzierte Sicht auf Arendts Verhältnis zum Judentum. »Hannah war eine bewusste Jüdin«, schreibt er, fügt aber hinzu: »ohne etwas vom Judentum zu wissen«[45]. Sie sei »auch eine ›Trotzjüdin‹«[46] gewesen und habe nur »eine kurze Gastrolle im Zionismus«[47] gespielt, nicht unter seinem, sondern unter Kurt Blumenfelds Einfluss: »Er war einer der vielen, die sich in Hannah Arendt verliebten. Das verstand sich beinahe von selbst, dass Männer von höherer Intelligenz und Sensibilität von Hannah bezaubert waren«[48].

Als *Eichmann in Jerusalem* in Fortsetzungen im *New Yorker* erschien, war Jonas offenbar konsterniert: »Plötzlich brach alles zusammen, was mich persönlich mit ihr so vertraut gemacht und ermöglicht hatte, dass man sich alles gegenseitig zugestehen konnte«[49].

»Vom ersten Artikel an war ich erschrocken – in erster Linie über den Tonfall, zweitens über die explizit antizionistische Note ihres Beitrags und drittens über Hannahs Ignoranz gegenüber jüdischen Dingen. Letztere war mir bekannt gewesen, denn sie hatte sich nie als Autorität in judaicis ausgegeben. Ihr Wissen vom Judentum war minimal. Ihre Kenntnisse jüdischer Geschichte reichten nicht weiter zurück als bis zu Moses Mendelssohn. [...] Das Neue Testament kannte sie gut, hatte sie doch bei Bultmann darüber gelernt. Unsere Bibel hingegen hat sie wohl nie gelesen.«[50]

Jonas hat seine Einwände gegen *Eichmann in Jerusalem* in seinen *Erinnerungen* noch einmal ausführlich dargelegt und der Freundin neben »Nichtwissen«, ihrer »unter den Freunden seit Langem berühmte[n] ›am-ha-arazut‹ [Unwissenheit in jüdischen Dingen]«[51], auch Selbstgerechtigkeit vorgeworfen. »Nun erfuhr ich«, schreibt er, »dass Hannah nicht mit sich reden ließ, wenn sie sich erst einmal ihre Meinung gebildet hatte [...] Sie legte eine Rechthaberei an den Tag, die in diesem Falle verderblich war.«[52] Jonas betrachtete nicht zuletzt ihre These von der Banalität des Bösen als »schreckliches Zerrbild«[53].

Er schrieb ihr einen Brief, auf den sie nicht antwortete. Dann brach er den Kontakt ab. »Wir sahen uns nicht wieder, wechselten kein Wort, keinen Brief, keinen Gruß«[54] –

bis seine Frau ihn zurechtwies: »Hans, das ist doch töricht, was du da tust. Man lässt doch eine solche Freundschaft, wie du sie mit Hannah hattest, nicht zerbrechen, nicht einmal an der tiefsten Meinungsverschiedenheit«[55].

Daraufhin rief Jonas Arendt an, »und Hannah hat gesagt: ›Natürlich, komm her, komm her.‹«[56]

»Und wir kamen wieder zusammen, aber mir war klar, dass ich auf eine Aussprache über unseren Konflikt verzichten musste. Das hatte ich nun gelernt, dass Hannah nicht einlenkte und niemals widerrief. So bestand also die stillschweigende Übereinkunft, einfach nicht davon zu sprechen. Und so war unsere Freundschaft schnell wieder die alte – wenn auch mit dieser vermiedenen Lücke dazwischen.«[57]

Der Konflikt veränderte allerdings das Bild, das sich Jonas von Arendts Persönlichkeit über die Jahrzehnte gebildet hatte: »Ich hatte sie als scheues Mädchen kennengelernt. Inzwischen war sie eine überaus selbstbewusste Berühmtheit geworden, die sich sehr autoritativ äußern konnte und vor allen Dingen nicht bereit war, sich in irgend etwas belehren zu lassen. Im Persönlichen aber war sie dieselbe rührende, warmherzige Freundin, die sie vorher gewesen war.«[58]

Hannah Arendts Weigerung, mit ihm über *Eichmann in Jerusalem* zu sprechen, scheint Jonas verunsichert zu haben. Als er ein Jahr nach ihrem Tod im *Merkur* einen Essay über ihr philosophisches Werk veröffentlichte, erwähnte er auch, dass sie, wenn er Zweifel an ihren Urteilen anmeldete, nur »Ach, Hans!« zu sagen pflegte. Das führte dazu, dass er sie fragte: »Hältst du mich eigentlich für dumm?«[59] Die Frage mag sich selber im Stillen mancher Mann in Arendts Umgebung gestellt haben.

Tatsächlich war ihr Verhalten Jonas gegenüber nicht persönlich gemeint. Auch ihr Freund Harold Rosenberg trug ihr seine Bedenken gegen *Eichmann in Jerusalem* bei einem Besuch vor. »Sie hörte einfach in eisigem Schweigen zu, machte keinen Versuch, sich zu verteidigen, und dann, als Rosenberg geendet hatte, bat sie ihn, für beide einen Drink einzuschenken, damit sie sich wie gute Freunde entspannen konnten. Er war verwirrt, verstand aber, dass sie beschlossen hatte, die gemeinsame Freundschaft nicht ihrem Werk und den Einsichten zu opfern, für die sie gekämpft hatte, wobei sie von seiner Bereitschaft ausging, ihre Freundschaft stärker sein zu lassen als ihre Meinungsverschiedenheiten.«[60]

Hannah Arendts Reaktion war auch dieses Mal deutlich, aber nicht unbedingt eindeutig. Wollte sie, auch in diesem Fall, die Freundschaft nicht einer Wahrheit opfern? Oder erwartete sie, gerade in der Kontroverse um ihr Buch, von ihren Freunden zuerst und vor allem Unterstützung? Waren ihr deren Ansichten nicht gewichtig genug, dass sie sie mit ihnen erörtern wollte? Oder erschienen sie ihr von ihren eigenen so verschieden, dass sie fürchtete, es müsste über der Auseinandersetzung zum Zerwürfnis kommen?

Freunde wie Jonas mögen in Hannah Arendts Verhalten sogar einen Widerspruch erkannt haben. Zwar berief sie sich 1959 in ihrer Lessing-Rede auf »die Griechen«, für die »das eigentliche Wesen der Freundschaft im Gespräch«[61] lag, verweigerte aber in bestimmten Fällen das »Sprechen mit anderen«[62], die ihre Freunde waren. Im Verhältnis zu Jonas führte das zu einem zeitweiligen Abbruch der Freundschaft. Den »Konflikt«, »in den Freundschaft und Menschlichkeit mit der Wahrheit geraten können«[63], vermochte Hannah Arendt in diesem Fall nicht zu lösen, sie konnte ihn nur abspalten. Ihre Freunde mussten das hinnehmen, auch Jonas hat das am Ende getan.

Gleichwohl ist ihm nicht entgangen, dass Arendt in ihrer Haltung die Trennung von öffentlichem und privatem Verhalten, die sie gelegentlich betonte, nicht aufrechterhalten konnte. Was sie veröffentlichte, gab sie Freunden zu lesen – die sich ihre Gedanken darüber machten und ihr mitteilen wollten. Doch nicht nur so wirkte das Öffentliche in ihr privates Leben hinein, obgleich sie Streit im Freundeskreis strikt unterband. Denn dabei scheint von ihrer öffentlich gezeigten Streitlust in ihr privates Verhalten eine gelegentliche Schroffheit eingegangen zu sein, die Freundlichkeit gefährden kann. Jonas hat das bemerkt, aber letztlich toleriert.

Es war nicht das Einzige, was er ihr nachsah. Er gehörte zu den Freunden Arendts, die keine hohe Meinung von Heinrich Blücher hatten. »Im Vergleich zu Günther Anders«, schrieb er, »wahrscheinlich aus einer gewissen Eifersucht heraus«, wie er selbstkritisch einschränkte, »schien er mir nicht die allererste Wahl zu sein; doch im Laufe der Jahre merkte ich, dass er ihr viel bedeutete und es eine wirkliche Liebesheirat war«.[64] Vielleicht auch deswegen konnte er aber seine Kritik an »Blüchers Libertinismus«[65] nicht unterdrücken.

Hannah Arendt schätzte er menschlich und geistig höher ein, auch wenn er »schwer erträgliche Schwächen«

an ihr feststellte, »als sie zur öffentlichen Person wurde«[66]. Doch betonte er, dass sie gegenüber Freunden, »die im Exil in Paris mit ihr gelebt, gelitten, gehofft und gefürchtet hatten, von großer Treue«[67] war. Zu »ihrer Art von Freundestreue und völlig unprätentiöser Hilfsbereitschaft«[68] rechnete er nicht nur, dass sie in ihrem Testament ein Legat für seine Kinder aussetzte, das sich dann als unnötig erwies, sondern auch, dass sie es dem Sohn ihrer schwarzen Haushaltshilfe ermöglichte, eine Privatschule zu besuchen. Das waren beides für ihn Beispiele ihrer »Menschlichkeit«[69].

Was ihn an sie band, war nicht zuletzt, dass sie Geheimnisse mit ihm teilte – wichtige, ja existenzielle. Das war nicht nur das Geheimnis ihres Verhältnisses mit Heidegger, sondern auch das Geheimnis ihrer Gläubigkeit. Als eine Freundin von Mary McCarthy, eine Katholikin, ihn einmal unumwunden fragte, ob er gläubig sei, erwiderte er: »›Ja‹. Letzten Endes ja. Was immer das bedeuten mag, die Antwort ›Ja‹ kommt der Wahrheit näher als ›Nein‹«[70]. Jonas bemerkte, dass Hannah Arendt zusammenzuckte, als er seine Antwort gab. Später fragte er sie danach, und sie gestand ihm: »›Ich habe nie an einem persönlichen Gott gezweifelt.‹« Worauf ich sagte: ›Aber Hannah, das wusste ich gar nicht! Und dann verstehe ich nicht, wieso du neulich an diesem Abend so befremdet reagiert hast.‹ Und sie antwortete: ›Ich war so erschüttert, das aus deinem Mund zu hören, weil ich das nie gedacht hätte.‹ Also hatten wir uns beide gegenseitig mit diesem Eingeständnis überrascht.«[71]

Das war in der Tat eine Überraschung: Zwei alte

Freunde, die sich wechselseitig für Atheisten halten und dann irgendwann nach Jahrzehnten einander eröffnen, dass sie gläubig sind. Jonas dürfte darin zu Recht ein weiteres Zeichen ihres tiefen Einverständnisses gesehen haben. Fast so wenig selbstverständlich wie seine bereitwillige Auskunft über seinen Glauben einer Fremden gegenüber war auch Arendts Bekenntnis – wenn man Sören Kierkegaard darin folgt, »dass das Gottes-Verhältnis eines Menschen ein Geheimnis ist«[72].

Der verlorene Freund: Kurt Blumenfeld

Mit Kurt Blumenfeld verband Hannah Arendt eine Freundschaft über mehr als 35 Jahre. Sie kannte ihn schon lange vor Anne Weil und Hans Jonas, weil er im Haus ihres Großvaters mütterlicherseits verkehrte, als sie noch ein kleines Kind war. 1926 traf sie ihn in Heidelberg wieder, durch Jonas, der ihn zu einem Vortrag vor dem Zionistischen Studentenbund eingeladen hatte. Von da an datiert ihre Freundschaft.

Blumenfeld, Ostpreuße wie Hannah Arendt, war damals der Präsident der Zionistischen Vereinigung für Deutschland. Sie verstand sich mit ihm auf Anhieb. Nach dem Vortrag gingen sie essen und machten sich danach auf zum Philosophenweg. »Blumenfeld und Arendt sangen – Arm in Arm – Lieder, rezitierten Gedichte und lachten ungestüm – während Jonas hinterhertrottete«.[73] Ihrer Bildung und ihrer vor allem literarischen Vorlieben vergewisserten sie sich später noch des Öfteren, ebenso ihrer gemeinsamen ostpreußischen Herkunft.

Als Hannah Arendt mit Günther Stern 1932 nach Berlin zog, wurde der Kontakt zu Blumenfeld enger. Durch ihn fand sie Anschluss an die Zionistische Vereinigung für Deutschland und lernte etwa Robert Weltsch, einen

Freund Kafkas, und Salman Schocken kennen, den Besitzer der Kaufhauskette, der sie später in New York als Lektorin für seinen Verlag einstellte, schließlich auch den Politologen Waldemar Gurian, mit dem sie bis zu seinem Tod befreundet blieb. Die Annäherung an die Zionisten trug zur Entfremdung von Günther Stern bei – ein weiteres Mal, dass sich Hannah Arendt für Freunde gegen ihre Familie entschied.

Wie groß in dieser Zeit der Einfluss Blumenfelds auf Hannah Arendt war, zeigte sich nach der Machtübernahme der Nationalsozialisten. »Im Frühjahr 1933«, berichtet Elisabeth Young-Bruehl, »wurde sie von Kurt Blumenfeld und einem seiner Kollegen aus der deutschen zionistischen Organisation gebeten, einige illegale Aufträge zu übernehmen«[74]. In der Preußischen Staatsbibliothek sammelte sie Presseberichte über Antisemitismus im deutschen Alltag, die nicht unbedingt ins Ausland gelangten. Sie sollten als Beweis dafür dienen, dass die Zionisten recht mit ihrer Behauptung hatten, die Assimilation der deutschen Juden sei gescheitert, und nun seien sie täglich Anfeindungen ausgesetzt.

Offenbar ließ sich die verbotene Tätigkeit in der Staatsbibliothek nicht geheim halten. Hannah Arendt wurde zusammen mit ihrer Mutter eines Morgens im Juli 1933 verhaftet. Martha Arendt Beerwald wurde noch am selben Tag wieder freigelassen, Hannah nicht. Blumenfeld hatte sie für die heikle Aufgabe ausgewählt, weil sie keiner zionistischen Organisation angehörte und deshalb, im Fall einer Verhaftung, kaum Geheimnisse verraten konnte. Das tat sie auch nicht. Sie log im Verhör so gut sie konnte. Nach acht Tagen wurde sie entlassen. Danach verließ sie ohne Papiere Deutschland über die grüne Grenze des Erzgebirges.

Auch Blumenfeld floh 1933 aus Deutschland, und zwar nach Palästina, Arendt hingegen über Prag und Genf nach Paris. Die unterschiedlichen Fluchtrichtungen waren kein Zufall. Der Zionist Blumenfeld entschied sich für ein Leben in Palästina, Arendt für eines in der Diaspora. Nur noch einmal, 1941 bis 1945, lebten sie in derselben Stadt, dieses Mal in New York. Nach Kriegsende kehrte Blumenfeld nach Palästina zurück. Ihre Freundschaft wurde eine auf Distanz. Briefe waren ihnen beide nur ein Ersatz für die unmittelbare Begegnung. Lange hatten sie nicht genug Geld, um den anderen besuchen zu können, und mussten mit der Korrespondenz vorlieb nehmen. Die Abstände zwischen den Briefen wurden größer. Aber meist bedauerte das einer von ihnen und forderte den anderen auf, endlich wieder zu schreiben. Dennoch dünnte die Freundschaft allmählich aus.

Was Kurt Blumenfeld für Hannah Arendt war, hat sie in einem Brief vom 15. Juli 1960 auf den Punkt gebracht. Er hatte ihr geschrieben – einen Brief, den sie, wie Heinrich Blücher, ›klassisch‹ fand[75]: »Das habe ich oft empfunden, wenn ich Deine Briefe las, aber nie recht gewusst, was für eine Qualität es eigentlich ist, die mich immer wieder so (nicht beeindruckt sondern) ergreift. Es ist natürlich ›der Eros der Freundschaft‹, den Du über die Ferne hin scheinen und leuchten lässt.«[76]

Blumenfeld hatte nicht vergessen, dass sie diesen Ausdruck schon früher, im März 1951, gebraucht hatte[77], auch damals in einem hochherzigen Ton. Es ist eine etwas schillernde Formulierung. In der griechischen Philosophie, etwa bei Aristoteles, meint ›Eros‹ die sexuelle Liebe, ›philia‹ hingegen die Freundesliebe. Deswegen wohl setzte Arendt den Ausdruck in Anführungszeichen. Er steht einigermaßen vereinzelt gegen alle ihre Klagen, dass gerade das Briefeschreiben der Freundschaft nicht förderlich sei.

Blumenfeld war 22 Jahre älter als sie, nur sieben Jahre jünger als ihr Vater und fast gleich alt mit Karl Jaspers, ihrem anderen väterlichen Freund. Obwohl die beiden offensichtlich unterschiedliche Charaktere waren, versuchte Hannah Arendt sie zusammenzubringen: Ihre Freunde sollten auch miteinander befreundet sein. So ermunterte sie Blumenfeld mehrfach, Jaspers in Basel zu besuchen. Im August 1954 war es dann, nach zuvor gescheiterten Versuchen, endlich so weit.

Ihr Treffen, freundlich, aber nicht herzlich, war durch unterschiedliche Auffassungen geprägt. Sie gingen nicht im Streit auseinander, Blumenfeld wiederholte sogar den Besuch, aber Freunde wurden sie dennoch nicht. Sie blieben miteinander verbunden als Freunde von Hannah Arendt, die weder auf den einen noch auf den anderen verzichten wollte. Als die beiden sich trafen, war Arendts Verhältnis zu Jaspers zwar schon enger als das zu Blumenfeld. Doch an ihrer Zuneigung zu ihm ließ sie keinen Zweifel. »Dass es Dich gibt, entzückt mich noch heute wie damals, als ich dich zum ersten Mal hörte«, schrieb sie ihm zu seinem 70. Geburtstag 1954.[78]

In einem Brief an Jaspers hat Hannah Arendt 1952 auch vermerkt, welche Bedeutung Blumenfeld für ihr Denken gehabt habe. Ihr Buch über Rahel Varnhagen sei »geschrieben aus der zionistischen Kritik an der Assimilation heraus, die ich mir zueigen machte und die ich auch heute noch für wesentlich berechtigt halte«[79]. Für die Problematik der Assimilation und »die sogenannte Judenfrage« insgesamt habe ihr Blumenfeld »die Augen [...] geöffnet«[80].

Genau über dieses Problem aber kamen Blumenfeld und Jaspers zu keinem Konsens. »Warum ist Assimilation schlecht?«[81], wollte Jaspers wissen, wie Blumenfeld berichtete. Und: »Warum muss man, wenn man über den Menschen spricht, das Jüdische betonen?« Blumenfeld antwortete: »Warum nennen Sie sich [...] in Ihren Schriften einen Deutschen, sobald es sich um Schuld und Sühne handelt?«[82] »Der Mensch Jaspers« sei auch nicht »losgelöst von den Beziehungen der Herkunft und der Verpflichtung gegenüber der Menschengruppe, die er in der Vergangenheit liebt«[83]. Der Unterschied ihrer Sicht auf deutsche Juden lässt sich zuspitzen: Für Jaspers waren sie selbstverständlich Deutsche, für Blumenfeld hingegen zuerst Juden.

Die geistigen Anregungen, die Hannah Arendt Blumenfeld verdankte, hat sie öffentlich vor allem in *Elemente und Ursprünge totalitärer Herrschaft* erwähnt. Über Blumenfeld lernte sie etwa die Unterscheidung zwischen Paria und Parvenü als den beiden Juden zugeschriebenen Sozialtypen kennen, die auf den französischen Publizisten Bernard Lazare zurückgeht. Sie liegt schon ihrem Essay *Die verborgene Tradition* zugrunde, in *Elemente und Ursprünge totalitärer Herrschaft* hat sie sie wieder aufgegriffen. Sie bemühte das Begriffspaar des Öfteren, obwohl man bezweifeln kann, ob es, in sich heterogen und letztlich polemisch, soziologisch sehr ergiebig ist.

Sie und Kurt Blumenfeld selbst waren kein Parvenüs – und Parias allenfalls in einem ganz speziell-persönlichen Sinn, den sie in einem Brief vom 10. August 1959 entwickelt hat: »Ich bin wirklich der Meinung, dass dies bewusste Pariatum – der fröhliche Paria, der die Freuden und Wunder der Welt entdeckt, weil er nicht in der korrupt-blödsinnigen Gesellschaft gefangen ist – der Nährboden der großen Begabungen war.«[84] Allenfalls in diesem Sinn mögen sie und Blumenfeld auch Parias gewesen sein.

Blumenfeld liebte in der Tat das Leben und den Genuss. Er war Feinschmecker, wusste, wo man in den Städten, die er besuchte, gut speisen konnte, er liebte Bücher und Konzerte. Auch seine junge Freundin hielt er zum Genuss an. So schenkte er, der Raucher, ihr eine Kiste Zigarren – zum Verdruss Günther Sterns.

Blumenfeld war allerdings kein Künstler, auch kein Schriftsteller im strengen Sinn, obgleich er ein Jahr vor seinem Tod seine Autobiografie *Erlebte Judenfrage* veröffentlichte. Er war vor allem Politiker, eine der führenden Persönlichkeiten des deutschen Zionismus, und zwar sowohl in politischer wie in geistiger Hinsicht. Im Unterschied zu anderen Zionisten kündigte er aber seine Verbundenheit mit europäischer, besonders deutscher Kultur nicht auf. Israel war für ihn »ein Produkt der europäischen Judenfrage«[85] – was man aber dort nicht wahrhaben wolle. Vom deutschen Judentum hatte Blumenfeld eine hohe Meinung. »Nur in Deutschland«, schrieb er Hannah Arendt 1956, »gab es eine produktive europäische Assimilation«[86]. Die »Entwicklung deutschen Judentums« galt ihm deshalb als »ein Höhepunkt nicht nur der jüdischen Geschichte, sondern der Geschichte der Menschheit«[87]. Das allerdings sagte er nicht Karl Jaspers. Er schrieb es nur Hannah Arendt.

Blumenfeld war ein politischer Pragmatiker. Ideologien waren ihm ebenso suspekt wie jeder Dogmatismus. An jüdische Auserwähltheit glaubte er nicht. »Das erste Wort«, schrieb er Anfang 1957 Hannah Arendt, »das hier vor allen Dingen den verschiedenen Orthodoxien, aber auch sonst gesagt werden muss, ist: ›Gott hat den Menschen und nicht den Juden erschaffen.‹ Außerdem ist der Kampf gegen Schweinerei wichtiger als der Kampf gegen Schweine.«[88]

Von sich sagte er: »Ich bin […] der letzte Zionist. Es ist schade, dass diese Art mit mir zugrunde geht.«[89] Einen Denker nannte er sich nicht, wohl aber einen »Beschreiber«[90] und »Beobachter«[91]. Darin ähnelte er Anne Weil, und vielleicht war das ein Grund, warum Hannah Arendt auch die beiden zusammenbringen wollte.

Bei allem Engagement für die Sache der Juden bewahrte sich Blumenfeld geistige Unabhängigkeit, auch gegenüber der israelischen Politik. Er war kein gläubiger Jude und sprach sich für die Trennung von Staat und Religion aus. Er trat für eine Verständigung mit den Arabern ein. Auch Ben Gurions Politik sah er immer wieder kritisch, ohne sein Feind zu werden. Sein Blick auf Menschen, auch auf jüdische, selbst auf berühmte, war klar, ja scharf, aber nicht böse. Seinen Freund Gershom Scholem etwa fand er »sehr intelligent, aber nicht eigentlich klug«[92]. Sich selber sah er nicht weniger klar. Nach einem heftigen, am Ende lautstarken Streit mit dem damaligen israelischen Justizminister, seinem Freund Pinchas oder Pinhas Rosen, früher Felix Rosenblüth, schrieb er: »Bei mir bleibt nur die eine Genugtuung übrig, dass beim Schreien mich niemand übertreffen konnte. Sonderbarerweise habe ich wie oft nach schlechtem Benehmen ein gewisses Gefühl der Befriedigung. Ein kindliches Vergnügen für einen alten Esel von beinah 73!«[93] Daraufhin empfahl Hannah Arendt dem Herzkranken freundschaftlich-besorgt »Zorn ohne Aufregung«[94].

Wie wichtig Blumenfeld für ihr politisches Denken gewesen sei, betonte sie noch lange. Als er 70 wurde, schrieb sie ihm: »Du weißt, ich habe nie ›Schüler‹ sein können, aber soweit ich es je darin gebracht habe, bin ich in der Judenfrage und mehr als das, in der Politik Deine Schülerin. Was ich damals und später gelernt habe, habe ich nie vergessen und werde es nie vergessen. Bei Dir ist mir Politisches überhaupt zum ersten Mal und unentreißbar lebendig geworden.«[95]

Zu dem Geburtstag widmete sie ihm auch ein langes Gedicht, das weniger poetisch als auf eine pathetische Weise rhetorisch ist – aber zweifellos als Zeichen besonderer Verbundenheit gemeint war.

Ganz Schülerin konnte Hannah Arendt aber auch Blumenfeld gegenüber nicht sein. Gut eineinhalb Jahre später berichtete sie ihm von ihren weitgehenden Auseinandersetzungen mit Scholem über sein »nationalistische[s] Gerede« und zumal sein »Gerede von den Goien«[96], das ihr »ziemlich auf die Nerven« gehe, weil sie »ja schließlich mit eben einem solchen ›Goi‹ verheiratet«[97] sei. »All dies ist lästig, nicht mehr und nicht weniger. Zwischen uns kann es ja nie eine Rolle spielen. Ich kann mir denken, dass wir politisch nicht einer Meinung sind, bin aber ganz sicher, dass wir in der Gesinnung immer solidarisch sind.«[98] Das war in einer Hinsicht richtig. Blumenfeld zeigte sich nach seinem ersten Besuch in Basel befremdet von Gertrud Jaspers, »dieser penetranten Jüdin«, die ständig von Gojim gesprochen habe und erstaunt gewesen sei, »dass der Zionist Blumenfeld ohne diese Bezeichnung in der Darstellung der Judenfrage auskommt«[99]. Hannah Arendt schätzte das. Und doch sollte sich ihre Gewissheit, »dass wir in der Gesinnung immer solidarisch sind«, als Irrtum erweisen – als der größte in ihrer Freundschaft.

Politisch waren Arendt und Blumenfeld tatsächlich nicht immer einer Meinung, besonders wenn es um den Zionismus ging. Blumenfeld blieb ihm verbunden, Arendt näherte sich ihm an und wandte sich dann von ihm ab. Eine erste Verstimmung trat ein, als sie ihren Aufsatz »Zionism Reconsidered« im August 1945 veröffentlichte. Erst im Januar 1946 legte sie ihn einem Brief bei und schrieb Blumenfeld vorsorglich, er solle sich, »wenn es irgend geht, nicht ärgern«[100]. Er antwortete erst nach langer, fast einjähriger Pause, im Dezember: »Ich habe merken lassen, dass Du mich verstimmt hast. […] Da das Leben schnell vorübergeht und ein Wiedersehen unwahrscheinlich ist, möchte ich nicht, dass Meinungsverschiedenheiten unsere Freundschaft beeinträchtigen sollen.«[101]

In diesem Punkt waren sie sich damals einig. Doch dann spielte, das zweite Mal nach 1933, Anfang der 1960er-Jahre die Politik wieder in ihr Verhältnis hinein:

als Hannah Arendt ihren Bericht über den Prozess gegen Adolf Eichmann veröffentlichte. Während das Gerichtsverfahren lief, sahen sie sich oft. Hannah Arendt schwankte anfangs in ihren Gefühlen und Einschätzungen. Sie wird sich über sie mit Blumenfeld ausgetauscht haben. Sie führte auch Gespräche mit namhaften israelischen Politikern, die wahrscheinlich er eingefädelt hatte, unter anderem mit Pinchas Rosen, dessen Bruder Martin Rosenblüth sie seit Langem kannte, und mit der damaligen Außen- und späteren Premierministerin Golda Meir. Nach Ende des Prozesses kehrte sie nach New York zurück und schrieb ihre Reportage. Im Februar und März 1963 wurde sie zuerst in fünf Folgen im *New Yorker* veröffentlicht, bevor sie als Buch erschien. Unmittelbar nach seinem Erscheinen setzte die auch von ihr nicht erwartete heftige Kritik von jüdischer Seite ein.

Blumenfeld war in dieser Zeit schon schwer krank. Nach der Veröffentlichung des Berichts machte Hannah Arendt mit ihrem Mann eine Europareise, auf der sie u. a. Jaspers besuchte. Anfang Mai flog sie nach Israel, um Blumenfeld ein letztes Mal zu sehen, im Krankenhaus. Dabei musste sie feststellen, dass er ihren Bericht im *New Yorker* nicht gelesen hatte, über ihn nur von Freunden unterrichtet worden war – und, wie sie meinte, falsch.

Wie das Gespräch verlief, hat Hannah Arendt nie mitgeteilt. Sie stritt sich nach Blumenfelds Tod brieflich darüber mit Pinchas Rosen, der in seinem Nachruf den Eindruck vermittelt hatte, sein Freund Blumenfeld habe auf dem Sterbebett mit ihr gebrochen. Rosen schrieb ihr, dass Blumenfeld empört gewesen sei und überlegt habe, öffentlich Stellung zum Eichmann-Buch zu nehmen. Hannah Arendt aber war überzeugt, dass Freunde, »die Blumenfeld in den letzten Tagen seines Lebens umgaben, ihn beeinflusst hatten«[102]. Sie war »über dieses Ende einer Freundschaft«, wie ihre Biografin schreibt, »sehr erschüttert«[103]. Ihre »Traurigkeit« und Blüchers »Wut«[104] lassen vermuten, dass es an Blumenfelds Sterbebett nicht zu einer Versöhnung gekommen ist. Der ›Eros der Freundschaft‹ scheint schließlich verloren gegangen zu sein und mit ihm auch ihr Ethos.

Arendt wird sich ihre Gedanken über die Gründe gemacht haben. Fraglich ist, ob nur die Freunde Blumenfelds für das Ende der alten Freundschaft verantwortlich waren. Tatsächlich war sie an ihre vielleicht einzig wirkliche Grenze gelangt. Wenn es *ein* Thema gab, über das die beiden Freunde sich zutiefst hätten zerstreiten können, dann dürfte es das Jüdische gewesen sein, das sie einst verbunden hatte. Kritik, selbst scharfe persönliche, an Juden zu äußern war Blumenfeld keineswegs fremd – solange die Verbundenheit mit dem Judentum und mit Israel nicht infrage stand. Er wird nicht nur geahnt haben, dass sie Hannah Arendt fehlte.

Zwei Monate nach seinem Tod, im Juli 1963, bekundete sie das auch öffentlich, als sie auf Gershom Scholems Kritik, ihr mangele es an »Ahabat Israel«, an Liebe zum jüdischen Volk, erwiderte, sie habe nie in ihrem Leben »irgendein Volk oder Kollektiv ›geliebt‹«: »Ich liebe in der Tat nur meine Freunde und bin zu aller anderen Liebe völlig unfähig.«[105] Das ist ein großer, auch großartiger Satz. Er mochte für Scholem, der mit Blumenfeld befreundet war, mehr jedenfalls als mit ihr, auch den Hinweis enthalten haben, dass sie ihren alten Freund geliebt habe, selbst wenn sie seine Liebe zum jüdischen Volk nicht geteilt habe.

Der Satz, als subjektive Wahrheit eines Lebens unbezweifelbar, wirft allerdings objektiv Fragen auf: Was, wenn Freunde unterschiedliche Loyalitäten und Lieben haben und dadurch in einen Konflikt miteinander geraten – und zumal in den Lessing'schen Konflikt zwischen Freundschaft und Wahrheit? Hannah Arendt mag zumindest gehofft haben, dass Blumenfeld etwa ihre kritische Einschätzung der Judenräte vielleicht als eine weitere Meinungsverschiedenheit akzeptieren würde, ohne mit ihr zu brechen. Doch das tat er wohl nicht.

Zur Freundschaft gehörte für Arendt Toleranz, die sich im Zweifelsfall im Schweigen über eine abweichende Ansicht äußerte. Als schon Jahre zuvor Scholem ihr einen »bitter-bösen Brief«[106] zu ihrem Essay »Zionism Reconsidered« geschrieben hatte, wies sie die Kritik nicht weniger scharf zurück, betonte aber am Ende, sie sei kein »Ehrlichkeitsfanatiker«: »Mir sind menschliche Beziehungen meist sehr viel wichtiger als sogenannte ›offene Aussprachen‹.«[107] Auch bei der Gelegenheit fügte sie einen bemerkenswerten Satz an: dass Scholem hoffentlich auch glaube, »dass einem Menschen mehr wert sind als ihre Meinungen, aus dem einfachen Grunde, weil Menschen de facto mehr sind als was sie denken oder tun«.[108] Die Triftigkeit dieses Satzes ist davon abhängig, was ›Meinungen‹ hier heißen soll. Sind sie nur unbedeutende Ansichten, die man schnell ablegen und wechseln kann? Gehören Meinungen als Überzeugungen nicht auch zu Menschen? Was sind die denn »de facto« jenseits dessen, was sie denken und tun?

Hannah Arendt scheint sich auch Blumenfeld gegenüber letztlich an ihre Maxime gehalten zu haben, auf Meinungsunterschiede nicht einzugehen – und das dürfte zum Bruch zumindest beigetragen haben. Sie suchte nicht das Gespräch mit ihm, sie scheint es eher vermieden zu haben. Nach ihrem Aufenthalt in Jerusalem kam ihr Briefwechsel mit ihm zum Erliegen. Zwischen September 1961 und Januar 1963 schrieb er ihr, sie antwortete nicht. Während sie an ihrem ›Bericht über die Banalität des Bösen‹ arbeitete, hielt sie sich offensichtlich zurück – und vermutlich nicht, weil sie zu viel zu tun hatte. Sie schickte Blumenfeld auch die im *New Yorker* erschienenen Teile ihrer Reportage nicht. Wahrscheinlich hielt sie es beide Male so, weil sie ahnte, dass es zum Zerwürfnis zwischen ihnen kommen könne.

Blumenfeld und sie wussten seit ihrer gemeinsamen Zeit in New York, dass ihre politischen Ansichten inzwischen auseinander gingen. »Freundschaft ist selten genug, und anders als auf des Messers Schneide ist sie kaum noch zu haben«[109], schrieb Hannah Arendt ihrem Freund schon 1946. Das war ihr anders formuliertes Plädoyer für politische und ideologische Toleranz unter Freunden. Der Satz bestätigte sich an ihrer beider Verbindung aber anders, als sie es wünschte. Die Verbindung, die mehr als einmal auf ›Messers Schneide‹ stand, wurde am Ende zerschnitten. Auch die Frage, die sie Blumenfeld 1952 stellte: »Sind wir jetzt nicht alt genug, um ohne Umschweife die Wahrheit sagen zu dürfen?, Lieber, es soll Dich doch nicht kränken!«[110], mag sie als rhetorisch betrachtet haben. Sie war es aber tatsächlich nicht – nicht nur, weil auch die Wahrheit verletzen kann, sondern ebenso, weil Arendt offenbar ihre eigene ›Wahrheit‹ nicht als bloße ›Meinung‹ ansah.

Im März 1951 lobte Blumenfeld in einem Brief seine Frau Jenny dafür, dass sie »sich die Fähigkeit bewahrt« habe, »überall das Gute und menschlich Wertvolle zu sehen«[111]. Wie wichtig ihm eine solche Haltung war – ›Gesinnung‹ hätte Hannah Arendt gesagt –, verrät sein Brief vom 2. Juli desselben Jahres. Er hatte *The Origins of Totalitarianism* erhalten und schrieb nun Arendt ausführlich – voll höchstem Lob und erheblicher Zweifel, die über das Buch hinaus die Verfasserin betrafen. Sie beide seien »wesensmäßig so verschieden«, stellte er fest: »Wenn man Dein Buch liest, erfährt man, wogegen Du bist, und manchmal, wenn ich Atem hole, scheint es mir, dass Du immer mehr die Fähigkeit entwickelt hast, das Negative zu sehen. ›Jedes Ding hat seine zwei Schattenseiten‹, sagte ein alter Großonkel von mir. Bei Dir ist es schwer herauszubekommen, was Dir eigentlich gefällt. Ganz schlecht kommen natürlich die Juden weg. Ein bösartiger Kritiker könnte Selbsthass konstatieren. [...] Von Liebe zum Leben, von Bewunderung der Leistung, von den schöpferischen Erscheinungen, die im Zusammenhang mit all dem Negativen entstanden sind, habe ich wenig gemerkt.«[112]

Blumenfeld wollte offenbar über den Anlass hinaus ein grundsätzliches Problem ansprechen und holte weit aus, um nicht missverstanden zu werden. Er distanzierte sich von Kategorien wie »Rassen und Rassenhass«[113] und bekannte sich zu Europa, um schließlich auf den springenden

Punkt zu kommen: »Ich will nur möglichst deutlich sagen, dass es mir auf das Individuum und nicht auf die Herkunft ankommt. Es gibt aber Völker, und die Juden sind eins. Dir ist es wahrscheinlich schwer, Dir vorzustellen, dass man dieses jüdische Volk liebt. [...] Dir liegt das Bodenlose, mir liegt es, Boden unter den Füßen zu haben.«[114]

Das waren starke Worte, die Blumenfeld glaubte, sagen zu müssen, aber er bemühte sich, nicht zu viel zu sagen. »Wenn Du mehr von mir hören willst, stoß' mich noch einmal an«[115], schrieb er.

Hannah Arendt antwortete darauf nicht. Erst mehr als ein Jahr später kam ihr nächster Brief – in der Zwischenzeit hatte er ihr schon zwei weitere geschrieben –, aber sie ›stieß ihn nicht an‹. Gemäß ihrer Theorie der Freundschaft unterließ sie die Auseinandersetzung: Wieder schwieg sie, wenngleich anders als Jonas oder Rosenberg gegenüber. Das mag ein für die Freundschaft fatales Versäumnis gewesen sein.

Vermutlich hoffte sie, dass Blumenfeld weiter zu ihr halten würde – und dass seine Loyalität zu ihr größer sei als die zum Judentum. Sie konnte sich offenbar nicht vorstellen, dass eine ›Meinung‹ gegenüber einer hochherzigen Freundschaft ins Gewicht fallen könnte. Für Kurt Blumenfeld ging es aber nicht einfach bloß um eine Stellungnahme unter vielen, die ein Mensch abgibt. Hannah Arendts ›Bericht über die Banalität des Bösen‹ dürfte für ihn Ausdruck einer Gesinnung gewesen sein, die er nicht mehr teilen konnte. Vermutlich hat er in ihm auch den ›Boden‹ vermisst – den Boden, auf dem ihre Freundschaft weiter hätte Bestand haben können.

Freundschaftsdienst für einen Toten: Walter Benjamin

Unter den Freundinnen und Freunden Hannah Arendts waren viele Schriftsteller, nicht nur deutsch-, sondern auch englischsprachige wie etwa Wystan Hugh Auden, Randall Jarrell und Robert Lowell. Eine Reihe weiterer Autoren hat sie gekannt, ohne sich mit ihnen zu befreunden, etwa Bertolt Brecht, Günter Grass und Hans Magnus Enzensberger. Nicht wenige aber wurden Freunde. Begründet waren diese Freundschaften auch in ihrer hohen Meinung von dem Metier. Dichtung war für Hannah Arendt ein Organ der Wahrheit oder konnte es sein – ähnlich, aber nicht genauso, wie sie es für Martin Heidegger war und etwa nicht für Karl Jaspers[116]. Sie schrieb selbst Gedichte, die allerdings erst lange nach ihrem Tod herausgegeben wurden, und sie schrieb sie auch für Freunde, denen sie sie, etwa zum Geburtstag, schenkte. Dichterin war Hannah Arendt aber nicht. Dennoch waren in gewisser Weise Schriftsteller für sie auch Kollegen.

Der erste ihrer Schriftstellerfreunde war Walter Benjamin. Die Geschichte ihrer Freundschaft ist kurz; sie erstreckt sich nur über wenige Jahre. Es ist nicht viel über sie bekannt, die Zeugnisse sind spärlich. Es ist schwierig, sich auf dieser Grundlage ein genaues Bild zu machen. Umso schärfer zeichnet sich ihre Nachgeschichte ab. Walter Benjamin ist der Freund Hannah Arendts, für den sie nach seinem Tod am meisten getan hat. Sie hat ihm wie kaum einem anderen Treue über das Leben hinaus bewahrt, sich für sein Werk eingesetzt und in seinem Interesse, wie sie es verstand, öffentliche Auseinandersetzungen geführt. Zu ihrer Treue gehörte dabei auch, dass sie sich gegen die wandte, die sie als seine heimlichen Widersacher ansah. Ihre Treue zum Freund schloss die Ablehnung seiner Feinde ein.

Walter Benjamin war ein Cousin Günther Sterns, durch den Hannah Arendt ihn kennengelernt hat. Wann das war, ist nicht sicher. Hans Paeschke, dem Herausgeber des *Merkur*, schrieb sie 1967: »Ich kannte Benjamin in Paris. Er hat immer behauptet, wir hätten uns bereits in Deutschland gekannt, was gut möglich ist, da er der Cousin meines ersten Mannes war. Ich jedenfalls besinne mich darauf nicht.«[117]

Näher gestanden haben sich Arendt und Benjamin erst während des Exils. Gershom Scholem, Benjamins altem Freund, berichtete sie am 17. Oktober 1941, dass sie und Benjamin »gerade in den letzten Jahren und Monaten sehr nahe befreundet waren und uns regelmäßig sahen«[118]. Die alles in allem höchstens sechs Jahre lange Geschichte ihrer Freundschaft hat sie wiederum für Hans Paeschke zusammengefasst: »In Paris [...] waren wir nahe Freunde, zumindest seit 1934 oder 35. Im Jahre 1940, während des französischen Zusammenbruchs, waren wir beide mehrere Wochen in Lourdes, wohin er sich geflüchtet hatte und wohin ich zufällig kam, nachdem ich mich von

Gurs ›befreit‹ hatte. Ich habe ihn wenige Tage, bevor er nach Spanien ging in Marseille gesehen und ausführlich gesprochen.«[119]

Die Korrespondenz zwischen Arendt und Benjamin setzte 1936 ein; offenbar wechselten sie nicht viele Briefe miteinander, nur sieben sind erhalten geblieben, im Wesentlichen »Urlaubsgrüße, Geburtstagswünsche und Unterstützungsangebote«[120]. Das nimmt sich bescheiden aus neben der umfangreichen Korrespondenz Benjamins mit Grete Karplus, der Frau Theodor W. Adornos, aus den 1930er-Jahren. Allerdings hielten sich beide während dieser Zeit auch kaum am selben Ort auf: Sie mussten einander schreiben, um in Verbindung zu bleiben.

Der Briefwechsel zwischen Benjamin und Arendt gibt über ihre Beziehung zueinander nicht viel Aufschluss. Erkennbar ist allerdings, dass sie sich um ihn sorgte und vergeblich versuchte, ihm »etwas zu vermitteln«[121], um seine angespannte finanzielle Lage zu verbessern. Offensichtlich fühlte sie sich ihm in besonderer Weise verbunden. Zumindest einen Grund der Anziehung, die von Benjamin auf sie ausging, hat Gershom Scholem erwähnt: Für sie schien er schon während ihrer Berliner Jahre »eine gewichtige geistige Instanz darzustellen«[122].

Walter Benjamin wiederum schätzte Hannah Arendts Arbeit über Rahel Varnhagen, die er Gershom Scholem zur Lektüre empfahl: »Auf mich hat dieses Buch großen Eindruck gemacht. Es schwimmt mit starken Stößen wider den Strom erbaulicher und apologetischer Judaistik.«[123] Scholem berichtete er auch, dass er auf »ein hilfsbereites Interesse«[124] bei Arendt gestoßen sei, ja sogar, dass er zur Vorbereitung seiner Auswanderung in die USA beabsichtigte, zusammen mit ihr und Heinrich Blücher Englischunterricht zu nehmen[125].

Während sie beide in Paris lebten, trafen sie sich häufig; sie mussten einander nicht viel schreiben, sie konnten sich im Gespräch austauschen, an dem Blücher gleichfalls beteiligt war. Auch deshalb ist über diese Zeit nicht viel bekannt; das Wenige, was man weiß, hat Elisabeth Young-Bruehl zusammengetragen.[126] 1941, als die Wehrmacht in Frankreich einmarschierte, ging die gemeinsame Zeit zu Ende. Alle drei versuchten, auf verschiedenen Wegen, Frankreich in Richtung USA zu verlassen, die Blüchers auf dem See-, Benjamin auf dem Landweg über die Pyrenäen. Ihnen gelang die Flucht, ihm nicht. An der spanischen Grenze zurückgewiesen, nahm er sich das Leben. Zum Abschied hatte Benjamin den Blüchers in Marseille einige Manuskripte übergeben, darunter die wohl früheste Version seiner Thesen *Über den Begriff der Geschichte*, die seine letzte Arbeit waren. Das war, wenn nicht der wichtigste Moment ihrer Beziehung, so doch auf jeden Fall der folgenreichste. Was Hannah Arendt danach für Walter Benjamin tat, ist ohne diese Geste nicht zu verstehen.

Arendt hat das Manuskript in die USA retten können. Sie hat es aufbewahrt, ja gehütet, aber nicht wie einen Schatz, den man nicht mehr hergeben will. Sie hat sich gleich um eine Veröffentlichung bemüht und es anderen Bekannten Benjamins wie Adorno, den sie ansonsten nicht schätzte und nicht mochte, zugänglich gemacht. Das Institut für Sozialforschung, dem Adorno angehörte und das Benjamin im französischen Exil finanziert

hatte, publizierte eine spätere Version der *Thesen* 1942 in einem hektografierten Gedenkheft *Walter Benjamin zum Gedächtnis.*

Hannah Arendt zitierte Benjamin gelegentlich, etwa in *Elemente und Ursprünge totaler Herrschaft*, dessen englischer Originaltitel *The Origins of Totalitarianism* nicht von ungefähr an den von Benjamins *Ursprung des deutschen Trauerspiels* anklingt. Er scheint ihr allerdings bald problematisch geworden zu sein[127]. Als sie Lektorin des Schocken Verlags wurde, plante sie, einen »Band gesammelter Essays von Benjamin auf Englisch«[128] herauszubringen, wie sie Bertolt Brecht 1946 schrieb. Doch letztlich konnte sich ihr Verleger Salman Schocken nicht dazu entschließen. Schon zu Benjamins Lebzeiten war Gershom Scholem mit dem Versuch gescheitert, Schocken für den Freund zu interessieren. Hannah Arendt gab aber ihren Plan nicht auf. Erst spät, 1968, hat sie ihn verwirklichen können, als sie in ihrem amerikanischen Verlag Harcourt Brace Jovanovich den Auswahlband *Illuminations* publizierte (der nicht zu verwechseln ist mit den von Siegfried Unseld edierten *Illuminationen*).

Hannah Arendt hat offenbar die Freundespflicht gespürt, Benjamins Werk zu bewahren, über die bloße Rettung des Manuskripts der geschichtsphilophischen Thesen hinaus. Der Auswahlband, den sie nach langem Bemühen veröffentlichte, war das eine Denkmal, das sie ihrem Freund setzte. Das andere, damit verbunden, ist ihr Einleitungsessay, den sie in ihr Buch *Men in Dark Times* von 1968 aufnahm (und der mit der deutschen Fassung in *Menschen in dunklen Zeiten* nicht identisch ist).

Der Text hat eine etwas verwickelte Entstehungsgeschichte. Zu ihr gehören zwei Vorträge, die Hannah Arendt über den Freund hielt, den einen 1967 an der Universität Freiburg, den anderen 1968 im New Yorker Goethe-Institut. Der erste ist der bemerkenswertere von beiden – und offenbar der ehrgeizigere. Denn Benjamin hatte wie Hannah Arendt in Freiburg studiert, wenn auch nicht zur selben Zeit, und als sie in der Universität über ihn sprach, war Heidegger unter den Zuhörern.

Auf Deutsch erschien der Essay in drei Teilen zuerst im selben Jahr im *Merkur*, drei Jahre später, zusammen mit dem Essay über Brecht, auch als Buch. Er hat, wie die Verfasserin erwartete, einen »Sturm«[129] ausgelöst, etwa mittlerer Stärke. An Theodor W. Adorno hatte sie vorsorglich am 17. März 1967 geschrieben: »Ich schätze Ihre Einleitung zu den ›Schriften‹ sehr hoch, habe aber trotzdem nicht dasselbe Bild von Benjamin wie Sie. Es könnte schon passieren, dass weder Sie noch Scholem mit mir zufrieden sein werden.«[130]

So kam es auch. Denn Hannah Arendt erwähnt im ersten Teil ihres Essays, als sie von Benjamins Versuchen spricht, seine materielle Existenz zu sichern, auch die »letzten, für ihn tödlich ernsten Konflikte[…] mit dem Institut für Sozialforschung, von dem sein Lebensunterhalt in dauernder Ungewissheit abhing«[131].

Friedrich Pollock, lange neben Max Horkheimer Geschäftsführer des – ehemals und dann wieder – Frankfurter Instituts für Sozialforschung, bemühte sich, die Behauptungen Hannah Arendts über Benjamins gespanntes Verhältnis zum Institut in einen Leserbrief »richtig[zu] stellen«[132]. Scholem, der seit der Kontroverse um *Eichmann in Jerusalem* den Kontakt zu ihr abgebrochen hatte, wandte sich mit seiner Beschwerde gleich an Hans Paeschke. Er warf ihm vor, er habe »den wahrhaft schmachvollen, um nicht zu sagen gemeinen Satz im ›Merkur‹ drucken lassen, für den die Autorin einstehen muss, dass W. B. bereit war, oder doch glaubte es zu sein, ›hebräisch zu lernen für 300 Mark im Monat, wenn die Zionisten sich davon etwas versprachen, oder dialektisches Denken mit allen vermittelnden Schikanen für 1000 französische Franken, wenn die Marxisten anders nicht mit sich reden ließen‹«[133].

Adorno gegenüber beklagte Scholem Arendts »Originalitätssucht«[134], im Brief an Paeschke warf er ihr, einmal mehr, zudem »das totale Sich-Vergreifen im Ton« vor, »durch das saubere und vielleicht auch (oft genug) aufregende oder ergreifende Umstände zu Gemeinheiten umgeformt werden, welches seit dem Arendt'schen Eichmannbuch, in dem diese Methode der arroganten und forschen Frechheit ad nauseam geübt wird, die mich von ihr entfernt hat.«[135]

Hannah Arendt wollte tatsächlich ein anderes Bild von Benjamin vermitteln als das Adornos und Scholems, die 1966 die von ihr im Essay erwähnte zweibändige Ausgabe der *Briefe* herausgegeben hatten. Sie wandte sich nicht zuletzt gegen die von beiden geteilte Ansicht, Benjamin sei ein Philosoph gewesen, und schrieb: »*Die Philosophie Walter Benjamins* – damit erweist man ihm keine Ehre; er hat, obwohl er Philosophie studiert hatte, von ihr genau so gering gedacht wie Goethe.«[136] Damit nicht genug, betonte sie die Bedeutung, die Benjamins von Adorno eher kritisch betrachtete Freundschaft mit Brecht gehabt habe: sie sei »einzigartig, weil in ihr der größte lebende deutsche Dichter mit dem bedeutendsten Kritiker der Zeit zusammentraf«[137].

Arendt charakterisiert Benjamin wesentlich durch seine »Gabe, *dichterisch zu denken*«[138] – eine Formulierung, die einem bekannten Gedanken Heideggers nahe kommt. Arendt bringt Heidegger selber sogar ausdrücklich ins Spiel und behauptet, mit dessen »großem Spürsinn« für das, was »durch die ›Gewaltsamkeit‹ der Interpretation, nämlich die ›tödliche Stoßkraft‹ neuer Gedanken zu retten und in die Gegenwart zu heben ist«, habe Benjamin, »ohne es zu wissen, im Grunde erheblich mehr gemein« gehabt »als mit den dialektischen Subtilitäten seiner marxistischen Freunde«[139], der Vertreter der Kritischen Theorie.

Das alles waren für Adorno, aber auch für Scholem – und vielleicht nicht nur für sie – Provokationen. Nicht zu übersehen ist Arendts Misstrauen, ja ihre Abneigung gegen Adorno und das Institut für Sozialforschung, dem sie in manchen privaten Briefen starken Ausdruck verlieh. Ihre Antipathie hatte damals schon eine Geschichte. Adorno hatte Günther Sterns Frankfurter Habilitationsprojekt nicht unterstützt. Hannah Arendt soll nach der ersten Begegnung mit ihm zu Stern gesagt haben: »Der kommt uns nicht ins Haus!«[140] In Adorno und den anderen wichtigen Männern des Instituts sah sie wohl mehr heimliche Feinde als wirkliche Freunde Benjamins, die ihn für ihre Zwecke vereinnahmen wollten. Scholem hat – nicht ganz interesselos – bemerkt, Arendt habe »gegen den Kreis des Instituts, besonders gegen Horkheimer und Adorno, eine tiefgehende Abneigung« gehabt, »die auf Gegenseitigkeit beruhte.« Sie hing, schreibt er, »düsteren Spekulationen über das Verhalten des Instituts zu Benjamin nach, die sie auch ihm selber nicht vorenthielt. Sie ging darin weit über meine Reserven hinaus.«[141]

Nicht immer hatte sie dabei die Tatsachen auf ihrer Seite, wie Friedrich Pollock in seinem Leserbrief zu zeigen versuchte[142]. Adorno hat auf ihre Briefe sachlich-höflich geantwortet[143]. Als sie ihm ihren Dissens ankündigte, reagierte er souverän: »Abweichungen Ihrer Auffassung über Benjamin von der meinen können der Sache nur dienlich sein.«[144]

Hannah Arendts Essay über Benjamin ist zweifellos originell. Er entwickelt eine ganz eigene, nämlich ihre Sicht auf ihn. Mit ihm wollte sie dem zu Lebzeiten Glück- und Erfolglosen und nach ihrer Überzeugung falsch Verstandenen posthum Gerechtigkeit widerfahren lassen. Er sollte in ihrem Essay so erscheinen, wie sie glaubte, dass er sich selber verstand. Offensichtlich ist, dass sie seiner Vereinnahmung durch Zionisten und Marxisten entgegenwirken wollte – weshalb sie sich sowohl mit Adorno wie mit Scholem zerstritt.

Für ihren Beitrag hat Arendt die Form gewählt, die sie als Benjamins eigenste, ihm neben dem Aphorismus angemessenste ansah: den Essay. Seinen subjektiven Charakter hat sie genutzt, um ihre Erinnerungen an ihn und ihre Einschätzung seines Lebens und seines Schreibens einfließen zu lassen. Sie hat aber auch, besonders im ersten Teil, Gedanken von ihm wie den über den Zusammenhang von »Charakter und Schicksal« (so der Titel eines seiner Essays) aufgegriffen, ja sogar eines seiner Motive aus *Berliner Kindheit um Neunzehnhundert*: das bucklicht Männlein. Das macht den Essay auch zu einer Hommage.

Eine Streitfrage wird es wohl bleiben, ob sie dem, was sie als Benjamins ›dichterisches Denken‹ betrachtet hat, analytisch und theoretisch gerecht geworden ist. Davon unabhängig gebührt ihr aber das Verdienst, die Aufmerksamkeit auf seine *schriftstellerische* Existenz – bis in finanzielle Fragen hinein – gelenkt zu haben. Man kann nicht allen ihren Urteilen folgen, und der Duktus ihres Textes hat immer wieder etwas von Bescheidwissen. Dabei fällt es nicht leicht, ihre Würdigung der Zusammenarbeit Benjamins mit Brecht und ihre Behauptung seiner gedanklichen Nähe zu Heidegger miteinander in Einklang zu bringen. Zudem nimmt sie sein Ungeschick für Missgeschick, ohne zu erwägen, ob es auch noch etwas anderes hat sein können, etwa Abwehr und Verweigerung, oder ob es mit seinem Misstrauen gegen Erfolg und Erfolgreiche zu tun gehabt haben könnte. Doch bei all dem ist nicht zu übersehen, dass der letzte Grund auch ihres Besserwissens wohl war, dass sie den Tod des Freundes nicht hinnehmen konnte: eine Art Verzweiflung.

So oder so ist Hannah Arendts Essay über Benjamin im Ganzen gelungener als ihr Epitaph auf ihn (»W. B.«), das etwa an die lakonischen Nachrufgedichte Brechts auf den Freund nicht heranreicht. Der Essay war auch in gewisser Weise ihr letztes Wort über ihn. Er beendete im Wesentlichen ihre Beschäftigung mit Benjamin. Man darf annehmen, dass sie ihren Freundschaftsdienst als erfüllt ansah.

Fast ein Freund: Hermann Broch

Hannah Arendt lernte Hermann Broch 1946 als den Geliebten ihrer Freundin Annemarie Meier-Graefe kennen, der Witwe des berühmten, 1935 im Exil verstorbenen Kunstschriftstellers. Zwei Jahre nach dessen Tod war sie Brochs Geliebte geworden. 1941 emigrierte auch sie in die USA. Nach New York war sie wohl vor allem gezogen, weil Broch in Princeton, als Untermieter seines Freundes Erich von Kahler, wohnte.

Hannah Arendt begann am 29. Mai den Briefwechsel mit Broch, indem sie seinen Roman *Der Tod des Vergil*, der im Jahr zuvor bei Pantheon Books, dem Verlag Kurt Wolffs, in einer deutschen und einer englischen Fassung erschienen war, in hohen Tönen lobte: »Dies ist seit Kafkas [...] Tod die größte dichterische Leistung der Zeit, weil es unbeirrbar an dem wenigen Fundamental-Einfachen festhält«, schrieb sie dem Autor. Der Roman sei »jenseits alles Romanhaften im üblichen Sinne und damit jenseits des Geniewahnes geschrieben«: »Der große Glücksfall ist natürlich, dass der spekulative und der dichterische Gehalt wirklich und gleichsam apriorisch identisch geworden sind, was eine Spannung erzeugt, in der Nachdenken und Spekulation selbst zur Handlung werden.«[145]

Hannah Arendt hatte nach Benjamin in Broch einen weiteren denkenden Dichter entdeckt: einen, der ›dichterisch dachte‹. Etwas kokett fügte sie hinzu, sie hätte sich »vermutlich geweigert, Sie kennen zu lernen, wenn ich das Buch vorher gekannt hätte – halb aus Schüchternheit und halb aus eingewurzeltem Misstrauen gegen die Person von ›Dichtern‹. So haben Sie mich zu allem andern auch noch um eines meiner zärtlichst behüteten Vorurteile gebracht, das mich bisher aufs Beste davor geschützt hatte, sachlichen Enthusiasmus in die Sprache des persönlich Privaten übersetzen zu müssen.«[146]

Eine Woche später antwortete Broch ihr, indem er eine Geschichte um Sindbad den Seefahrer aus den *Erzählungen aus 1001 Nacht* auf seine Weise erzählte – und mit seinem ganz persönlichen fabula docet verband: »Jetzt haben Sie zu loben begonnen und werden ewig weiter loben müssen; u. z. muss ehrlich gelobt werden, denn das ist die Spielregel.«[147] Es war das erste von vielen Malen, dass Broch seinen berühmten Charme spielen ließ.

Hannah Arendt lobte auch weiter. Sie schrieb eine Rezension von *Der Tod des Vergil*, die im September 1946 in der Zeitschrift *The Nation* auf Englisch erschien. Das war der Beginn ihrer Verbindung. Fünf Jahre lang, bis zu Hermann Brochs plötzlichem Tod 1951, schrieben sie sich und besuchten einander. Meist kam Broch nach New York und übernachtete bei den Blüchers. Auch Heinrich Blücher war in die Freundschaft einbezogen, ebenso wie Annemarie Meier-Graefe, die Broch, auf ihr Drängen und sein anschließendes Bedauern hin, schließlich 1949 heiratete. Blücher war der Trauzeuge, Arendt befand sich gerade auf ihrer ersten Europa-Reise nach dem Krieg. Die Eheschließung wurde ansonsten geheim gehalten.

Arendts Korrespondenz mit Broch ist gewichtiger als die mit Benjamin. Sie mag, mehr als bei anderen Briefpartnern, etwa Kurt Blumenfeld, repräsentativ für ihre Freundschaft gewesen sein, die nicht zuletzt eine intellektuelle war. Sie tauschten sich über Bücher und Autoren aus, über theoretische Probleme, etwa das der Menschenrechte, über das sie beide arbeiteten, sie vor allem für *The Origins of Totalitarianism*. Sie sandten sich gegenseitig ihre gerade erschienenen Schriften und kommentierten sie – lobend zumeist.

Den Ton setzte Arendt schon früh. Im Oktober 1947 schrieb sie Broch, es sei »so schön«, »Sie im Zimmer zu haben, unabhängig davon, dass Sie ein Dichter sind«[148]. Sie bemühte sich, Broch zu versichern, dass sie ihn nicht nur als Dichter zum Freund haben wollte. »Man soll eben, wie ich immer dachte«, schrieb sie im November 1949, »Autoren nur selten und Dichter nie kennen. Ich bin doch aber unsinnig glücklich, dass wir uns kennen.«[149] Als Dichter zeigte er sich ihr auch dadurch, dass er ihr immer wieder frisch geschriebene Gedichte sandte, nicht selten mit einem kurzen Kommentar.

Ansonsten lobte auch er. Ihren Artikel »Es gibt nur ein einziges Menschenrecht« nannte er eine »Hochleistung«[150] und nahm das zum Anlass, sie von nun an als »Liebste Hannah« anzureden oder als »Sehr Liebe, sehr Verehrte«[151], als »Liebe Freundin Hannah«[152] oder gar als »Liebste«[153]. Sie blieb lange bei »Lieber Hermann Broch«[154] oder »Lieber Freund«[155]. Am Ende, 1951, sprachen sie sich als

»Liebste Hannah«[156] und »Liebster Hermann«[157] an. 1949 schrieb sie ihm: »Möchte Ihnen auch lieber keinen Liebesbrief schreiben, teils, weil sie doch ganz objektiv genommen deren ohnehin zu viele bekommen, teils, weil es sich nicht für mittelalterliche, vorsichtige Damen schickt.«[158]

Das machte ihn hellhörig: »Sie wollen mir keinen Liebesbrief schreiben, bedeutet doch (zumindest für einen Analyse-Verseuchten), dass sie ihn bereits geschrieben haben, d. h. dass ich den letzten als solchen zu nehmen habe, und das ist schön. Nur ist's seitdem schon wieder so lange her, dass man nicht weiß, ob es noch gilt.«[159]

Bei so viel beiderseits aufgebotenem Charme konnte es nicht ausbleiben, dass der notorische Frauenheld Broch auch Hannah Arendt umwarb. Sie wies ihn geschickt ab – ihrer Biografin Elisabeth Young-Bruehl zufolge mit dem Satz: »Hermann, lass mich die Ausnahme sein.«[160] Zu einem Liebesverhältnis kam es jedenfalls nicht, auch nicht zum Duzen. Arendt und Broch blieben bis zuletzt beim »Sie«.

Am Ende entstand allerdings eine Verstimmung auf beiden Seiten. Anfang 1951, *The Origins of Totalitarianism* war erschienen, sprach Arendt Broch gegenüber davon, dass sie sich um ein Stipendium der Rockefeller Foundation bewerben wolle. Als er sie dann etwas später bat, ihm Exemplare des Buchs zum Autorenrabatt zu besorgen, u. a. für seine Frau, »fielen sie *beide*«, Arendt und Blücher, wie er berichtete, »über mich her, wieso ich auf diese Idee käme, da ich ja im Innersten das Buch nicht schätze. Warum? Weil ich mich bei Rockefeller nicht dafür verwendet habe.« Broch, für seine schier unendliche Hilfsbereitschaft bekannt, war überrascht: »Ich habe nur so geschaut, nicht nur wegen der völligen Grundlosigkeit, sondern auch wegen der überraschenden Empfindlichkeit bei zwei so gescheiten Menschen.«[161]

Das Missverständnis führte nicht zum Zerwürfnis. Und doch steckt in der Aufzeichnung über Broch, die Arendt im Juni 1951, kurz nach seinem Tod, schrieb, ein gewisser Vorbehalt. Sie wirft sich darin vor, dass sie ihm nicht geglaubt habe, als er »von der Todesnähe«[162] gesprochen habe und sie »ihm so das bisschen Freundschaft und Hören und Nähe entzog, auf das er ein Recht hatte, weil er ja doch ein Freund war, obwohl er nichts damit hätte anfangen können, er – unbewegbar, steinern-verschlossen hinter der Fassade des Wienerischen, Liebenswürdigen, hinter der ewig bewegten Oberfläche einer außerordentlichen Gabe für Intimität –; er – wer einer ist, weiß man doch erst, wenn er tot ist – verzweifelt in den Netzen eines vielfältigst verstrickten Lebens hängend, die sich über ihm geschlossen hatten, weil er einen Kardinalfehler [...] gemacht hatte. Vielleicht auch, weil er gleich einem alternden Entfesselungskünstler auf dem Jahrmarkt, dessen Beruf es ist, sich fesseln zu lassen, um zu zeigen, wie großartig er sich der stärksten Fesseln noch zu entledigen weiß, für das eigentliche Kunststück seines Lebens, das in seiner waghalsigen Absurdität die Bedingung seines Werkes war, zu alt geworden war, nicht mehr kräftig genug und auch einfach zu arm.«[163]

Wie der erste Teil des Essays über Walter Benjamin – und wie der ganze über Brecht – ist auch diese Aufzeichnung der Versuch, das Leben, mehr als das Schreiben, des

Freundes auf den wunden Punkt zu bringen. Er ist bestimmt von einem überlegenen Gestus des Durchschauens einer falschen Lebensweise, die zum Tod führte, gewissermaßen einer Krankheit zum Tode. Er verrät eine letzte Distanz zu dem Freund.

Auch Broch war nicht ohne Vorbehalte. Eineinhalb Jahre vor seinem Tod schrieb er Annemarie Meier-Graefe über einen Besuch bei den Blüchers: »Bei Blüchers sodann war es eine wirkliche Erholung, obschon mir die Undurchdringlichkeit, die *beiden* gemeinsam ist (und zwar auf verschiedene Art), immer leicht unheimlich ist.«[164] An diese Bemerkung schloss sich ein kurzer, aber deutlicher Austausch über das Ehepaar an. Hatte Broch Heinrich Blücher noch im September 1950 in einer Hinsicht zu den »Genies«[165] gerechnet, sich dann allerdings gut einen Monat später korrigiert, er sei »eher ein Phänomen als ein Genie«[166], so betonte er wieder knapp zwei Monate später, er nehme, »was Monsieur sagt, nicht unbedingt als Bibel (denn es zeigt sich immer wieder, dass er die Dinge ganz ungemein affektbetont sieht und das mit unendlicher Gescheitheit überdeckt und verbirgt)«[167].

Annemarie Meier-Graefe, die auch sonst gelegentlich Kritik an dem Ehepaar übte, stimmte Broch in ihrer Antwort zu: »*Hannah, Monsieur*, ganz Deiner Meinung sowohl was das Unheimliche anlangt wie die politische Affektbetontheit.«[168] Schon früher hatte Broch bemerkt, dass Blücher »eben die echt politische Schwarz-Weiß-Manier«[169] habe, und später noch hinzugefügt, »dass Monsieur sich oratorisch hinreißen lässt und hiedurch manchmal ins Schiefe, manchmal ins Platte gerät«[170]. Offenbar gab es in dieser mit so viel Charme und wechselseitigem Lob gepflegten Freundschaft gewisse Vorbehalte auf beiden Seiten – sodass es scheinen kann, als seien sie in einem tieferen Sinn nur fast Freunde gewesen.

Gleichwohl hielt Hannah Arendt auch Broch nach dessen Tod 1951 die Treue. Sie nahm es auf sich, zusammen mit der Witwe die Hinterlassenschaft zu ordnen. Dann machte sie sich an die Edition seiner Essays, die 1955 in zwei Bänden erschienen. *Dichten und Erkennen* ist der eine, *Handeln und Erkennen* der andere betitelt. In den drei Stichwörtern ist Arendts These zum Leben und Schreiben Brochs enthalten, die sie im einleitenden Essay darlegt. Er greift zumindest ein Problem auf, das sie auch im Hinblick auf Benjamin Jahre später erörtert hat: den Zusammenhang von Dichten und Denken.

Broch, so Arendt, »war ein Dichter wider Willen; dass er ein Dichter war und ein Dichter nicht sein wollte, war der Grundzug seines Wesens, inspirierte die dramatische Handlung seines größten Werkes und wurde der Grundkonflikt seines Lebens«[171]. Die Dichtung sei ihm spät problematisch geworden – genau genommen mit seinem Meisterwerk *Der Tod des Vergil*: »Mit diesem Werk war die Fragwürdigkeit der Dichtung überhaupt zum thematischen Gehalt einer Dichtung selbst geworden«.[172] Die historischen Umstände mit »dem Massenmorden in den Vernichtungslagern« hätten das verschärft und ihm »das Weiterdichten«[173] verboten. »So schlug ihm die Spannung zwischen Dichten – Erkennen – Handeln, bei der er lebensmäßig der Tat und schaffensmäßig der Erkenntnis das absolute Primat zugestand, gleichsam tagtäglich und in fast jeder Stunde des Tages in den Lebensalltag und den Arbeitstag.«[174]

Was Arendt an Broch intellektuell anzog, war also nicht nur, dass er ein Dichter war, sondern genauso, wenn nicht mehr, dass er es nicht – länger – sein wollte. Die Hochachtung, die sie vor dem Autor des Vergil-Romans zu Beginn ihrer Freundschaft zum Ausdruck brachte, war doppelt paradox. Sie beruhte darauf, dass er, in ihrer Sicht, zweifellos ein Dichter war, aber einer, der Dichtung infrage stellte – und der »nur darum, weil er weniger und weniger ein Dichter sein wollte, nicht aufhörte ein Dichter zu sein«[175].

Kurt Blumenfeld gegenüber nannte Hannah Arendt den Essay, selbstkritisch, zumindest distanziert, einen »Freundschaftsdienst«[176]. Brochs Gedanken seien ihr »selbst sehr fremd«, sodass sie sich gehütet habe, »irgendwo« ihre »eigene Meinung zu sagen«[177]. Blumenfeld stellte daraufhin nüchtern fest, »dass Dich der Freundschaftsdienst bei dieser Arbeit teuer zu stehen kommt«[178]. Doch dass Hannah Arendt zur geistigen Selbstaufgabe durch den Essay gezwungen wurde, lässt sich nicht erkennen. Zumindest in einem wichtigen Punkt mag sie zudem sehr wohl mit Broch übereingestimmt haben: dass nämlich »die künstlerische, die wissenschaftliche und die politische« Begabung »eigentlich zusammenfallen und eines sein müssten«. Das sei die »nie ganz offen ausgesprochene, aber überall latent sich geltend machende Forderung an den Menschen und an sein irdisches Leben« gewesen, »mit der Broch auf die Welt gekommen ist«[179] – und sie wohl auch. Denn sie selbst verspürte offenbar auch alle diese Begabungen in sich.

Der Nachbar auf Zeit: Uwe Johnson

Hermann Broch war nicht der letzte Dichterfreund Hannah Arendts. Das war ein deutlich jüngerer deutscher Romancier: Uwe Johnson. Sie lernte den 1934 geborenen Johnson am 21. Mai 1965 im New Yorker Goethe-Haus kennen: bei einer Lesung, die er dort zusammen mit Günter Grass abhielt, der ihr schon ein Jahr zuvor begegnet war. Es war Helen Wolff, die Witwe Kurt Wolffs, inzwischen selbst Verlegerin, die sie miteinander bekannt machte. Im Juni 1966 sah Arendt Johnson wieder. Er war gerade zu einem zunächst einjährigen Aufenthalt in New York eingetroffen. Helen Wolff hatte ihm eine Stelle als Schulbuchlektor im Verlag Harcourt, Brace & World vermittelt. Johnson besuchte Arendt in ihrem Apartment am Riverside Drive; mit seiner Familie wohnte er nur ein paar Blocks weiter: Riverside Drive Nr. 243, Ecke 109. Straße. Die Adresse ist berühmt geworden als die Gesine Cresspahls, der Hauptfigur seines großen Romans *Jahrestage*, an dem er bald zu arbeiten begann. Johnson war noch fast ein Nachwuchsschriftsteller, als sie sich kennenlernten; während sie, gut ein Jahrzehnt lang, einander verbunden waren, wurde er einer der großen Erzähler der deutschen Nachkriegsliteratur.

Zwischen Arendt und Johnson entwickelte sich schnell eine Freundschaft; am 22. Juni 1967 eröffnete sie ihren Briefwechsel von Palenville aus, wo sie mit ihrem Mann die Sommerferien verbrachte. Wiederum einen Monat später reagierte sie zum ersten Mal auf eine Veröffentlichung von Johnson: den Essay *Über eine Haltung des Protestierens*, der in *Kursbuch 9* erschienen war.

Johnson konnte seinen Aufenthalt in New York verlängern. Unterstützt von Arendt, die ihm eine Empfehlung schrieb, bewilligte ihm die Rockefeller Foundation 7000 Dollar für ein Jahr. So konnte er noch in New York, Ende Januar 1968, mit der Arbeit an den *Jahrestagen* beginnen. Er blieb mit Frau und Tochter bis zum August des Jahres. Mitte des Monats besuchten sie zum Abschied das Ehepaar Arendt-Blücher in Palenville.

Danach sahen sich Johnson und Arendt noch zwei Mal. Als er 1971 in New York erneut für seinen Roman recherchieren wollte, lud sie ihn ein. Im September wohnte er bei ihr, in Heinrich Blüchers Zimmer, der Ende Oktober 1970 gestorben war. Von Mitte Februar bis Anfang März 1972 hielt sich Johnson dann wieder in New York auf: zur Präsentation der englischen Version der *Anniversaries*, die Helen Wolff in ihrem Imprint bei Harcourt Brace Jovanovich herausbrachte. Ein paar Tage wohnte Johnson wieder bei Hannah Arendt.

Die Korrespondenz zwischen ihnen, die bis Ende August 1975 dauerte, besteht aus 53 Briefen. Die bemerkenswertesten stammen von Johnson. Die Arendts sind oft nur Nachrichten, Postkartengrüße oder Einladungen oder schon dringendere Aufforderungen, sie zu besuchen, sei es in New York, Palenville oder Tegna. Doch die meisten Besuche, die ins Auge gefasst wurden, kamen nicht zustande. Zeitweise übernahm auch das »Office of Hannah Arendt« an der New School of Social Research die Benachrichtigungen über ihre Aufenthalte, etwa in Europa. Doch wieder einmal erwies sich der große äußere Abstand als ein Hemmnis für die Freundschaft.

Die verwitwete Arendt wünschte sich Begegnungen mehr als Briefe; der Schriftsteller Johnson konnte sich besser ins Briefeschreiben finden. Er hat ihr »viele reizende Briefe«[180] geschrieben, die alle den Autor verraten: sorgfältige, ganz in seiner Sprache formulierte Botschaften, in ernstem, fast förmlichem Ton. Doch wenn es ernst für ihn wurde, so als er im Sommer 1975 einen Herzinfarkt erlitt, gab er sich gut gelaunt, fast heiter – vermutlich, um sie nicht zu beunruhigen. Am Ende wurde er fast humoristisch, als er in einen Dialekt verfiel, dieses Mal den Berliner: »Bitte jestatten Sie mir die unzeitjemässe Bemerkijung, dass ich Ihnen sehr jerne habe und dis sojar noch einsehe, wenn Sie mir haben tadeln müssen«[181]. Doch dass er bei der Gelegenheit mit verstellter Stimme sprach, konnte Hannah Arendt nicht überhören: »Ihr Brief – sehr entzückend, sehr charmant, aber dann doch als ob einer mit geschlossenen Lippen spricht«[182].

Was Arendt und Johnson verband, war neben offenkundiger Sympathie Achtung. Er wusste, mit wem er es zu tun hatte. »Ich bekam Seminare in Philosophiegeschichte, zeitgenössischer Politik, Zeitgeschichte, je nach Wunsch«[183], schrieb er in seinem Nachruf auf sie. Sie bekannte in ihrem Empfehlungsschreiben für ihn: »I have a very high opinion of Mr. Johnson as a novelist«[184]. Am 7. Februar 1972 schrieb sie ihm, sie habe angefangen, »die Jahrestage ernsthaft und hintereinander zu lesen« – und gefunden, »dass dies wahrhaftig ein Meisterwerk ist«[185]. Womit sie zweifellos Recht hatte.

Was Arendt und Johnson verband, waren Orte. Beide kamen aus dem Nordosten Deutschlands, sie aus Ostpreußen, er aus Mecklenburg-Vorpommern. Auf ihre Herkunft spielten sie untereinander gern an. Wenn Johnson in seine Briefe plattdeutsche Wörter und Sätze einflocht, konnte er voraussetzen, dass sie ihr, wenn nicht vertraut, so doch verständlich waren. Sie wiederum benutzte ihm gegenüber die Königsberger Mundart. Einen dieser Sätze hat er übermittelt: »Wir waren die Letzten in Keenichsbarch, die mit den Händen redeten.«[186]

Ein zweiter Ort verband sie wohl noch mehr: die Upper West Side von Manhattan und besonders der Riverside Drive, an dem sie beide wohnten. In der Straße haben sie sich zwar nicht kennengelernt, aber sie wurde der Ort ihrer Freundschaft. Genauer gesagt wurde es das Haus Nr. 370, Apartment 12A: Hannah Arendts Wohnung. Als der dritte Band der *Jahrestage* erschien, schrieb Johnson ihr: »In meiner diskreten Art habe ich Ihnen da etwas mitzuteilen versucht, auf der Seite 1210, Zeile 6 und 7 von unten … Mehr hätten Sie ja doch nicht erlaubt.«[187] An der Stelle wird das Haus 370 Riverside Drive erwähnt, in dem Marie, Gesine Cresspahls Tochter, »gewiss« schon Kinder gehütet habe. »Es ist eher ein Haus zum Wohnen.«[188] Das ist ein Hinweis darauf gewesen, dass Johnson sich in Arendts Wohnung zu Hause gefühlt hat.

Uwe Johnson hat der Gegend mehr als nur *ein* Porträt gewidmet. Das ausführlichste hat er im Manuskript *Beschreibung der Upper West Side* betitelt; unter anderen Überschriften ist es wiederholt veröffentlicht worden, nachdem es 1969 in der *Neuen Rundschau* zuerst erschienen war. Er sandte Arendt den Text mit einem Brief vom 12. März 1968: »Da das Ihre Gegend ist, sind Sie vielleicht interessiert das zu lesen«[189], schrieb er ihr mit einem sozusagen diskreten Anglizismus. Es ist bis heute das Beste, was man in deutscher Sprache über diesen Teil von New York lesen kann. Hannah Arendt hat sich zu ihm brieflich nicht geäußert.

Johnson hat ihrer Freundschaft ein literarisches Denkmal gesetzt – wie bei Schriftstellern üblich mit einem Nachruf, der am 8. Dezember 1975, vier Tage nach ihrem Tod, in der FAZ erschien. Sein Titel: *»Ich habe zu danken«* zitiert das Leitmotiv des Artikels: »Sie konnte bar jeden Zweifels von Leuten sagen, sie seien ohne Fehl und Tadel; sie riskierte ihre eigene Person im Urteil, sie hat mich den Ausdruck noch einmal neu sehen gemacht. Ihre Freundschaft war ehrlich genug für die Tapferkeit vor dem Freund. Das ist ein Zitat, es kommt nicht von ungefähr. Ich habe ihr zu danken für das, was sie mir gezeigt hat an Benehmen gegen Menschen, gegen das Alleinsein, gegen das Alter.«[190]

Johnson hat Arendt hat nicht nur als eine Freundin porträtiert. »Es machte Hannah Blücher-Arendt Spaß, die Dame zu spielen; wenn der Begriff überhaupt noch wert [sic!] hat, sie war eine.«[191]

Als Dame hat Hannah Arendt in Johnsons Werk

Spuren hinterlassen. Mehr als einmal hat er auf sie angespielt, selbst noch in der *Skizze eines Verunglückten* und im vierten und letzten Band der *Jahrestage*. Ihren Namen hat er dabei aber nicht genannt. Nach einer Lesart hat er ihr einen anderen Namen, ein literarisches Pseudonym gegeben: als Gräfin Seydlitz, die in allen vier Bänden erwähnt wird. Eingeführt wird sie im ersten Band mit dem Zitat: »*Sie aber Gesine sind naiv*«[192] als die bestimmt urteilende »Mrs. Albert Seydlitz«. Erst in der zweiten Hälfte des zweiten Bandes wird sie dann vorgestellt: »Sie ist eine alte Dame, im Gesicht ausgemergelt wie von achtzig Jahren, mit einem weißen Studentenscheitel nach einer Mode von vor sechzig Jahren, seit vierzig Jahren in New York, und Leute um die dreißig nennt sie Kind. Sie hat nicht gräfliche Manieren, eher achtlose, wie jemand, der sie hat erfinden müssen. Sie war einmal eine Deutsche, sie kennt sich befremdlich aus in Schwerin-Vorwerk [...] Eisgraue Augen hat sie, schmale Lippen, wie ein Mann. Von einem Grafen Seydlitz ist nichts bekannt.«[193]

Die Gräfin hat etwas »streng Belehrendes«, wohnt »am Riverside Park, in der Höhe der achtziger Straßen«, hat eine zweigeschossige Dachwohnung, »die um einen Saal mit Oberlicht« gebaut ist, »Terrasse nach Westen, die einen ausführlichen Blick auf New Jerseys Hochbauten erlaubt«[194]. »Hier werden Studenten wie Professoren der schöngeistigen Fakultäten empfangen, Kunsthändler, Kommunisten, Angestellte des diplomatischen Dienstes, die reichsdeutsche Emigration, auch von den Kennedys sollen Abgesandte gekommen sein. Juden, zwar eingeladen, sind eine Minorität geblieben, halten sich nicht, vermeiden das Wiederkommen.«[195] Der Rest des Eintrags vom 16. März 1968 ist die Schilderung einer Party bei der Gräfin.

In dieser adeligen deutschen Salondame hat sich Hannah Arendt nicht wiedererkannt – ganz zu Recht. Als der Eintrag mit ihrem Urteil über Gesines Naivität – aus Anlass ihres Lobes der *New York Times* – im *Merkur* vorabgedruckt wurde, stand dort ihr Name, nicht der der Gräfin: »Mrs. Hannah Arendt« und »Mrs. Arendt-Blücher«. Darauf reagierte sie fast ungehalten: »Mir ist schon niemals ganz wohl, wenn jemand zitiert, was ich geschrieben habe; es ist eine Art Freiheitsberaubung, als wollte man mich festlegen – wiewohl natürlich ich selbst mich festgelegt habe. Wenn das nun auch noch für gelegentliche Gespräche gilt (ich meine: nicht-öffentliche Diskussionen, nicht Seminare oder Vorlesungen), dann ist man ja ganz verratzt.«

Johnson solle aber dennoch »tun, was Sie wollen«: »Aber, bitteschön, zur Gräfin machen Sie mich nicht! Bis Sie so was dürfen, müssen Sie noch viele reizende Briefe schreiben. Von allem andern abgesehen, scheint es Ihnen nicht aufgefallen zu sein, dass ich jüdisch bin.«[196]

Man muss Arendts Protest nicht triftig finden. Johnson hat ihn aber ernst genommen. Zwar schreibt er am Anfang seines Antwortbriefs ironisch, wohl nicht zufällig in einer Mischung aus östlichem Plattdeutsch und Englisch: »Jä. Dats n ganz niegn Kettl full Fisch. Will die Dame nu wieder nich Gräfin wern.«[197] Doch dann erklärt er ihr eingehend, wie er ihren Namen noch aus dem schon im Umbruch gesetzten Roman getilgt und durch den der

Gräfin Seydlitz ersetzt hat. »Das ist jemand, den kennen Sie gar nicht. Das ist jemand, den nicht einmal ich gut genug kenne. Ich könnte mir so ungefähr denken, dass die Person, anders als Sie, in Schwerin-Vorwerk geboren ist. Nun muss ich mir natürlich noch einen guten Grund dafür ausdenken, warum ein so undeutlicher Charakter der Gesine Cresspahl in die Gedanken redet, und das auch nur ein einziges Mal.«[198]

Ein Schriftsteller wie Uwe Johnson, genau bis ins kleinste Detail, konnte nicht einfach eine Figur in seinen großen Roman einfügen, die nicht weiterentwickelt wird. Doch so, wie er sie dann als Salondame darstellt, ist sie letztlich der Mrs. Arendt-Blücher allenfalls etwas ›ähnlich‹[199]. Die Ähnlichkeit nennt er lediglich ›quantitativ‹ und erklärt ihr, warum. Er hatte den Namen »Mrs. Hannah Arendt« oder »Mrs. Arendt-Blücher« in der *Merkur*-Fassung des Eintrags vom 11. September 1967[200] im Umbruch des Romans zeichenzahlgleich durch »Gräfin Seydlitz« und »Mrs. Albert Seydlitz« ersetzt[201]. Seydlitz wiederum mag, über eine militärgeschichtliche Assoziation, dem Namen Blücher ›ähnlich‹ sein: Generalmajor Florian von Seydlitz war ein Zeitgenosse Generalfeldmarschall von Blüchers.

Dass Arendt glaubte, Johnson sei »nicht aufgefallen«, dass sie »jüdisch« sei, hat er sich zu Herzen genommen. In seinem Nachruf erwähnt er den Tadel: »Einmal hat sie mich ausdrücklich hinweisen müssen auf den Umstand, dass sie eine Jüdin ist: im Umgang mit ihr war es zu vergessen«[202]. Natürlich hat Johnson gewusst, dass Hannah Arendt Jüdin war. Aber offenbar wollte er sie nicht auf diese Identität festlegen – ähnlich wie Jaspers es bei Juden hielt. Der Nachsatz »im Umgang mit ihr war es zu vergessen« ist der Satz eines Freundes, der in der Freundin zunächst den Menschen sieht.

Dass er sie nicht als Jüdin im Roman auftreten lassen wollte, war eigentlich in ihrem Sinn. Ihre Worte hatte er einer deutschen Gräfin zugeschrieben, um die Spur zu ihr zu verwischen. Es scheint, als hätte Hannah Arendt sich am Ende doch noch in der Gräfin erkannt – ebenso wie es Helen Wolff tat, die Johnson aber gleichfalls berichtigte: Er habe die Gräfin Seydlitz erfunden, um »Hannah herauszuhalten aus dem Buch, jede Spur von ihr weg zu legen, da sie es nun einmal wünschte«[203].

Die Identität, die Johnson der Gräfin im zweiten Band gab, hat mit Arendt wenig zu tun – abgesehen davon, dass auch sie einen Salon am Riverside Drive führt. Die Mühe, die er sich gab, die Spuren zu ihr zu verwischen, sind Ausdruck seiner Achtung vor ihr. Er respektierte ihren Wunsch, nicht beim Namen genannt und als Privatperson nicht zitiert zu werden.

Hannah Arendt hat in ihrem Werk Uwe Johnsons Namen nicht genannt. Sie hat ihm keinen Essay gewidmet wie anderen Schriftstellern aus ihrem Freundeskreis, etwa Benjamin, Broch, Jarrell, Auden oder Lowell. Als er sie am 13. August 1973 bat, ein paar Worte über ihn für ein Porträt des Norddeutschen Rundfunks – das dann nicht zustande kam – zu sagen, reagierte sie ablehnend: »Ich habe mir die Sache hin und her und her und hin überlegt: Ich kann es nicht machen. Erstens, weil ich so in Arbeit bin, dass ich mir keine Extravaganzen leisten kann und bestimmt nicht auf deutsch. Und zweitens, weil ich nichts mit Television zu tun haben will, wenigstens nicht in Amerika, wo man mich sonst auf der Straße erkennt. Das ist mir unerträglich.«[204]

Man muss auch diese Absage nicht triftig finden. Johnson hat sie aber offenbar nicht übel genommen – und wenn, dann hat er es sich nicht anmerken lassen. Er schrieb ihr weiter ›reizende Briefe‹. Übel genommen hat die Absage aber ihrer beider Freundin, Helen Wolff, die Johnsons amerikanische Verlegerin geworden war. Als sie ihm am 11. Dezember Nachricht von Arendts Tod gab, schrieb sie: »Du und sie, ihr seid für mich sehr verbunden. Nur dass sie ihr Versprechen nicht hielt über die Jahrestage zu schreiben (nicht halten konnte) kränkt mich – unwiederbringlich«[205]. Johnson, der auch ein heikler Freund sein konnte, sah darüber hinweg. Er forderte keinen Freundschaftsdienst ein.

Die amerikanische Freundin: Mary McCarthy

Hannah Arendts engste Schriftsteller-Freundin war Mary McCarthy. Die Freundschaft zwischen ihnen wäre fast nicht zustande gekommen. Sie lernten sich 1944 kennen, verkrachten sich aber bald. Auf einer Party machte Mary McCarthy einen Witz über Hitler, den sich Hannah Arendt als ehemalige Insassin eines Konzentrationslagers verbat. Im Streit gingen sie auseinander. Als sie sich drei Jahre später wieder begegneten, bei ihrem gemeinsamen Freund Dwight Macdonald, ging Arendt anschließend in der U-Bahn auf McCarthy zu und bot ihr die Hand zur Versöhnung[206]. Nicht nur deren Witz war schlecht gewesen, auch ihre eigene Selbstvorstellung als ehemalige KZ-Insassin hatte nicht gestimmt. Sie beide waren klug genug, ihr Partygerede nicht ernster zu nehmen als nötig. Bis zu Arendts Tod 1975 blieben sie Freundinnen. Allerdings war die Verbindung zwischen ihnen mal enger und mal loser; zeitweise wechselten sie keine Briefe miteinander und sahen sich auch nur in größeren Abständen. Doch am Ende blieben sie Freundinnen.

Hannah Arendt und Mary McCarthy mögen auf den ersten Blick ganz unterschiedlich erscheinen, vom Leben, von der Herkunft, vom Werk her: die deutsche Jüdin aus

Ostpreußen und die Amerikanerin von der Westküste, die Theoretikerin und die Romanautorin, die eine politische Aktivistin wurde. Und doch hatten sie viel gemeinsam. McCarthy war zwar katholisch getauft, hatte aber eine jüdische Großmutter, »mit der sie groß angibt«[207], wie die Freundin fand. Sie waren beide auch im selben Alter Waisen geworden: Mit sieben Jahren hatte Arendt ihren Vater, McCarthy Vater und Mutter verloren. Sie waren beide stolz auf ihre beeindruckende Bildung, ohne die ihre Persönlichkeiten nicht zu denken wären. Beide waren sie zudem gesellig und führten jeweils eine Art modernen Salon, Hannah Arendt in ihrem Apartment am Riverside Drive, Mary McCarthy in ihrer Pariser Wohnung in der Rue de Rennes. Die eine war immer mal wieder bei der anderen zu Gast. Beide hatten schließlich auch irgendwann die Politik für sich entdeckt, entwickelten, wie viele ihrer Generation, sogar eine Leidenschaft für sie, ließen dabei aber, im Unterschied zu manch anderen, einige Irrtümer und Irrwege aus. Beide waren Gegner des Nationalsozialismus und, wieder im Unterschied zu anderen, geradezu selbstverständlich zugleich Gegner des Stalinismus.

Auch wenn sie verschiedene Berufe hatten, war ihnen doch die Arbeit der jeweils anderen nicht fremd. Hannah Arendt war eine institutionell lange ungebundene Intellektuelle, Mary McCarthy war freie Schriftstellerin, aber philosophisch gebildet und interessiert. Die eine wusste, wovon die andere sprach, und konnte ihr Hinweise und Ratschläge geben. Sie konnten ihre Ansichten nicht nur über Freunde und Bekannte, sondern über Politik und besonders über Literatur und Philosophie austauschen.

Hannah Arendt und Mary McCarthy standen, als sie sich kennenlernten, auf der Schwelle zum Ruhm. Ihre aufsehenerregenden Bücher kamen bald heraus: Arendts *The Origins of Totalitarianism* 1951, *The Human Condition* 1958, McCarthys *A Charmed Life* 1955, *Memories of a Catholic Childhood* 1957. Die bekanntesten Bücher der beiden erschienen sogar im selben Jahr, 1963: *Eichmann in Jerusalem* und *The Group* (*Die Clique*). Ab 1968, als *Men in Dark Times* herauskam, hatten sie auch denselben Verlag: Harcourt Brace & World, der dann zu Harcourt Brace Jovanovich wurde. William Jovanovich wurde ihr gemeinsamer Verleger und Freund, der mitunter zwischen ihnen auch vermitteln musste.

Ein Reiz ihrer Korrespondenz liegt darin, dass sie ihrer beider außergewöhnliche Karrieren begleitete: ihren Aufstieg zu Personen des öffentlichen Lebens. Diese Rolle hatten bis dahin meist Männer eingenommen, in Deutschland wie in den USA; Frauen war sie kaum zugefallen oder sie hatten sie nicht ergriffen. Allein Simone de Beauvoir, die beide nicht schätzten, ja ein wenig verachteten, hatte in der französischen Öffentlichkeit eine vergleichbare Position. Arendt und McCarthy ebneten dann in den USA den Weg für jüngere Intellektuelle wie Susan Sontag.

Aus ihrem umfangreichen Briefwechsel erfährt man über weite Strecken mehr über McCarthy als über Arendt. Die eröffnete ihn zwar 1949 mit einer kurzen Mitteilung, aber erst aus dem Jahr 1954 ist ihr nächster Brief überliefert – die Antwort auf eine philosophische Frage, die ihr die Freundin gestellt hatte. Lange hielt McCarthy die Korrespondenz aufrecht, und insgesamt hat sie deutlich mehr zu ihr beigetragen als Arendt. Die erklärte auch ihr gegenüber wiederholt, dass sie es hasse, Briefe zu schreiben, und tatsächlich ist mancher, den sie der Freundin sandte, erkennbar in die Maschine getippt, nicht immer geduldig und sorgfältig formuliert. Dagegen hat Mary McCarthy ihr einige außerordentlich schöne Briefe geschrieben, etwa mit Reiseimpressionen oder Kurzporträts. Offenbar gelang es ihr besser als der Freundin, das, was sie zu sagen hatte, auch zu *schreiben*. In diesem Punkt war sie mehr Schriftstellerin, ähnlich wie Uwe Johnson. Hannah Arendt dagegen war Brieffreundin vor allem aus Not, von den Umständen gezwungen, zumal nach dem Tod ihres Mannes.

Seit den 1950er-Jahren lebten sie weit getrennt voneinander. McCarthy hielt sich immer häufiger in Europa auf, zunächst vor allem in Italien, wo sie ihre Bücher über Venedig und Florenz schrieb, dann 1959 und 1960 auch in Warschau, seit 1961 dauerhaft in Paris, mit ihrem vierten Ehemann James West, einem Diplomaten, den sie in Polen kennengelernt hatte. Seit den 1950er-Jahren reiste Arendt gleichfalls viel, zumal nach Deutschland und in die Schweiz, aber auch nach Frankreich, nicht zuletzt, um Anne Weil und Mary McCarthy zu treffen. Beide bewegten sie sich nicht nur äußerlich zwischen Europa und Amerika. So wie Arendt als deutsche Jüdin in den USA nicht zuletzt politisch ein Zuhause gefunden hatte, konnte McCarthy, die dem Land ihrer Geburt zunehmend kritisch gegenüberstand, europäischer Kultur, vor allem französischer und italienischer, aber auch deutscher, viel abgewinnen.

Ihre Briefe lassen erkennen, wie aufmerksam sie besonders den Literaturbetrieb verfolgten. In ihnen tauschten sie sich immer wieder über literarische Neuerscheinungen und Kollegen aus, so etwa 1975 über den neuen Roman ihres gemeinsamen Freundes oder Fast-Freundes Saul Bellow. McCarthy fand *Humboldt's Gift* (*Humboldts Vermächtnis*) zunächst besser als seine vorangegangenen Romane, etwa *Mr. Sammler's Planet* – »eher wie ein sanfterer, ungeordneterer *Herzog*, der ja zum Teil auch schon formlos war«[208]. Zwar seien die »Abschnitte über Chicago [...] wie immer gut, und das Buch scheint irgendwo aus der Nähe von Sauls Herzen zu kommen, statt aus seinem schematischen, paranoiden Hirn«[209]. Aber es werde »sicher kein Erfolg«: »Das Ganze ist mit einem Gefühl des Scheiterns und des uneingelösten Versprechens behaftet«[210]. McCarthy bemerkte auch, dass »praktisch jeder, den wir kennen«, in dem Roman vorkomme, »in lächerlicher, kindischer Tarnung«. Eine Ausnahme oder zwei machte sie allerdings aus: »Ich habe Dich oder mich noch nicht gefunden.«[211]

Arendt gefielen die »Bemerkungen« über Bellow, die sie nicht als unfreundlich betrachtete: »Es ist so viel besser, gut von ihm zu denken, nach all den Jahren, als er wirklich unerträglich war.«[212] Doch McCarthy korrigierte ihr Urteil noch. Den Roman fand sie am Ende »viel schlechter«, als sie zuerst gedacht hatte: »Der mittlere Teil ist der beste oder bessere.«[213] Das Nobelpreiskomitee schloss sich dieser Einschätzung nicht an. Es zeichnete Bellow im folgenden Jahr für den Roman aus.

Die Briefe über Bellows Buch, denen man viele ähnliche

an die Seite stellen könnte, sind nicht nur als Verständigung über Literatur typisch für die Korrespondenz zwischen Arendt und McCarthy. Sie zeigen auch die allmähliche Verfertigung gemeinsamer ästhetischer oder politischer Urteile in ihren Briefen, die aus ihnen einen geistigen Austauschprozess von eigenem Reiz machen.

Zum freundschaftlichen Charakter ihrer Korrespondenz gehört auch, dass McCarthy und Arendt sich über Freunde, auch problematische, verständigten, wiederum oft Autoren und Philosophen. Solche Versicherung gemeinsamer Einschätzungen war offensichtlich ein Moment, das die Freundschaft befestigte, auch wenn die Anlässe nicht erfreulich waren. Die nicht prüde Mary McCarthy berichtete etwa über einen sie schockierenden Annäherungsversuch Paul Tillichs, Hannah Arendt über Audens Heiratsantrag nach dem Tod ihres Mannes, den sie sofort abgewiesen hatte. Gemeinsam sorgten sie sich auch um kranke Freunde und Freundinnen, immer wieder etwa um den psychisch kranken Robert Lowell, den sie beide – ebenso wie seine erste Frau Elizabeth Hardwick – seit Langem kannten. Und sie betrauerten verstorbene Freunde wie den italienischen Schriftsteller Nicola Chiaramonte – ein Foto von 1966 zeigt die beiden mit ihm und anderen Freunden in Hannah Arendts Wohnung. In diesen Mitteilungen über befreundete oder ihnen gut bekannte Intellektuelle liest sich ihre Korrespondenz oft wie ein Who's Who der 1950er- und 1960er-Jahre.

Arendt und McCarthy hatten viele Themen, die sie beide beschäftigten, nicht selten sogar bewegten. Aufmerksam verfolgten sie das politische Geschehen, etwa die

Entwicklung der Fünften Republik in Frankreich, den Vietnamkrieg und den Watergate-Skandal. McCarthy trieb der militärische Einsatz in Vietnam immer mehr um. Gleich drei Bücher widmete sie ihm: *Vietnam-Report*, *Hanoi 1968* und *Medina*. Etwas ausführlicher ging Hannah Arendt nur auf das *Hanoi*-Buch ein: »Ich habe Heinrich selten so begeistert gesehen, mir gefällt es unglaublich. Deine ruhige und schöne Pastorale zeigt die ganze Monstrosität unserer Unternehmung in einem grelleren Licht, als es jede Anprangerung oder Beschreibung des Schreckens könnte. Es ist schön geschrieben, eine der feinsten, wunderbarsten Sachen, die Du je gemacht hast.«[214]

Anders war es bei McCarthys Bericht über den Militärprozess gegen Captain Medina, den Vorgesetzten Lieutenant Calleys, der für das Massaker von My Lai verantwortlich gemacht worden war. Obwohl McCarthy die »Wirkung der deprimierenden Rezensionen des *Medina*«[215] beklagte, äußerte sich Arendt nicht zu dem Buch – und das, obwohl McCarthy darin zweimal Bezug auf Eichmann nimmt. Der brillant geschriebene Bericht ist *ihre* Gerichts-Reportage – so wie *Eichmann in Jerusalem* die Arendts ist. Und wie die Freundin wirft sie darin grundsätzliche Fragen auf: nach der Geltung der Rechtsnormen innerhalb der amerikanischen Armee, nach Verantwortung und Gewissen und schließlich nach der Entscheidungsfreiheit des Individuums, die sie auch Soldaten zugesteht.

Über anderes kam es zu mehr Austausch. Als Mary McCarthy 1969 Nathalie Sarrautes Roman *Entre la vie et la mort* rezensierte, stieß Hannah Arendt in dem Essay auf einen Satz, der »für mich und meine besonderen Zwecke« besonders wichtig war: »Innen … gibt es keine Unterschiede; alle sind gleich.« Er regte sie dazu an, in Kürze ihre Theorie des Denkens zu entwickeln. »Der stumme Dialog des Denkens«, schrieb sie der Freundin, »findet zwischen mir und mir selbst statt«. Denn: »Im Denken bist Du Selbst-los – ohne Alter, ohne psychologische Attribute, ganz und gar nicht wie Du ›wirklich‹ *bist*«[216]. Das war die Kurzfassung eines der leitenden Gedanken ihres letzten Buches *The Life of the Mind* (*Das Leben des Geistes*), den sie, wohl zu ihrer Überraschung, im Essay der Freundin fand (der nachzulesen ist in dem Band *Ein Blitz aus heiterem Himmel*). Es sind solche Passagen, die aus dem freundschaftlichen Briefwechsel Mal um Mal einen literarisch-philosophischen Dialog machen: Die Philosophin regte die Schriftstellerin an, die Schriftstellerin die Philosophin.

Schon in ihrem ersten Brief machte Arendt McCarthy für ihre gerade erschienene Erzählung *The Oasis* (*Die Oase*) Komplimente, die wiederum lobte in ihrer Antwort *The Origins of Totalitarianism*. Sie schrieben sich einige solcher »Fan-Briefe«[217], wie McCarthy sie nannte. Sie selbst las *Eichmann in Jerusalem* eingehend und tauschte sich mit Hannah Arendt über die Kontroverse aus, die das Buch auslöste, auch z. B. über deren Bemerkung, dass sich »der – intellektuelle oder sonstige – Mob«[218] gegen sie organisiert habe, über die sie mit ihr sprechen wollte. Schließlich griff McCarthy im September 1963 selbst in die Debatte ein und kritisierte die Kritik, die der ihnen beiden bekannte Lionel Abel in *Partisan Review* veröffentlicht hatte. Beide hatten in der Zeitschrift publiziert, McCarthy schon seit den 1930er-Jahren, und sie war sogar deren Redakteurin für Theater gewesen. Von alten Weggefährten distanzierte sie sich nun. Sie verhielt sich ähnlich, wie Arendt es im Fall Benjamins getan hatte. Sie zeigte sich öffentlich solidarisch: Die Feinde der Freundin waren auch ihre.

Neben ihren öffentlichen Überlegungen zum ›Bericht über das Böse‹ stellte McCarthy auch persönliche an, die nur für Arendt bestimmt waren. Sie machte ihr sogar das Geständnis, »dass die Lektüre Deines *Eichmann* eine erfrischende Wirkung auf mich hatte, ähnlich der dieser besonderen Musikstücke, die beide von der Erlösung handeln«[219]. Das schrieb sie auch in ihrem Essay »Das Zetergeschrei« und nannte dabei ausdrücklich den Schlusschor des *Figaro* und den *Messias*. Hannah Arendt nahm die Bemerkung auf, wies zwar den Vergleich mit Mozart und Händel als »zu hochgegriffen« zurück, stimmte aber ansonsten zu: Die Freundin sei »der einzige Leser«, »der verstanden hat, was ich sonst noch nie zugegeben habe – nämlich, dass ich das Buch in einem merkwürdigen Zustand der Euphorie schrieb«[220]. Das allerdings, fügte sie hinzu, müsse McCarthy für sich behalten: »denn ist das nicht der eindeutige Beweis, dass ich keine ›Seele‹ habe?«[221] Davon abgesehen war es zunächst ein Beweis dafür, dass sie beide gleich empfinden konnten.

McCarthys Essay über und gegen die Kritik an *Eichmann in Jerusalem* war nicht ihr einziger Freundschaftsdienst. Sie las Texte Arendts im Manuskript und verbesserte deren Englisch. Mit dem feinen Sprachbewusstsein der Schriftstellerin diskutierte sie nicht zuletzt die Wortwahl der Freundin[222], wo sie ihr sprachwidrig erschien, und brachte verschiedene Korrekturen an[223], die Arendt auch aufnahm[224]. Es war keine schulmeisterliche, sondern sensible Kritik, die Mary McCarthy formulierte. An dem Essay »Civil Disobedience« rügte sie beispielsweise, dass »der Ton irgendwie zu gebieterisch ist für dieses Thema, das immerhin mit Freiheit zu tun hat, die man vielleicht nicht so gesetzgeberisch behandeln kann«[225] – ein Einwand, den man auch sonst gelegentlich gegen Hannah Arendts Stil vorbringen kann.

Noch gewichtiger waren McCarthys Bedenken gegen Arendts Verwendung von »thoughtlessness« in ihrer »Vorlesung über das Denken«[226], wohl der Vorstufe zu *The Life of the Mind*. Weil das Wort im Englischen nicht bedeute, »was Du darunter verstehen möchtest«, halte sie es »für einen Fehler, dem Schlüsselbegriff eines Essays eine Bedeutung aufzuzwingen, die er normalerweise nicht hat«[227]. Diese literarische Eigenheit teilte Arendt mit Heidegger.

McCarthys Sprachkritik war auch Kritik eines Gedankens, der zentral für das Eichmann-Buch ist. Ihr war der Unterschied »zwischen dem, was Du *thoughtlessness* nennst und was *stupidity*, eigentlich nicht klar«[228]: »Ich hätte gesagt, dass Eichmann zutiefst, beispiellos dumm war, und für mich ist Dummheit nicht dasselbe, wie einen niedrigen Intelligenzquotienten zu haben. Hier stimme ich eher Kant zu (schon immer, ohne zu wissen, dass es Kant gesagt hat), dass Dummheit nicht durch Schwäche des Geistes, sondern durch ein »schlechtes Herz« verursacht wird. Gefühllosigkeit, Stumpfheit, die Unfähigkeit, Zusammenhänge herzustellen, oft begleitet von gewöhnlicher »animalischer« Schlauheit.«[229] McCarthy definierte Dummheit damit anders, als es die Freundin in *Eichmann in Jerusalem* getan hat.

Hannah Arendt war durchaus empfänglich für Ratschläge und Hinweise. Sie bedankte sich für McCarthys Hilfe nicht zuletzt, wie bei anderen ihrer Freunde auch, mit einer Widmung: der für ihr Buch *On Violence* (*Macht und Gewalt*) von 1968. McCarthy fühlte sich dadurch »geehrt, entzückt, gerührt«[230].

Die eine Freundin ließ die andere nicht nur an ihrer Arbeit teilnehmen. In ihren Briefen hielten sie sich auf dem Laufenden über das Leben, das sie weit entfernt voneinander führten – Arendt etwa über ihre Gastvorlesungen an verschiedenen Universitäten, aber auch über ihren schweren Verkehrsunfall 1960; McCarthy über ihre Reisen, ihre Affären und Ehen. Dicht wurde die Korrespondenz immer dann, wenn besondere, nicht unbedingt erfreuliche Ereignisse eintraten.

Eines war die schwierige Geschichte der Scheidungen McCarthys und ihres späteren vierten Mannes James West von ihren jeweiligen Ehepartnern. Über die verschiedenen, für sie teils ärgerlichen, teils belastenden Wendungen dieser Geschichte schrieb sie Arendt mehrmals. Während des quälend langen Hin und Her beschlichen sie Zweifel, ob ihr zunächst scheidungsunwilliger Ehemann Bowden Broadwater Hannah Arendt »irgendwie davon überzeugt hat, dass er recht hat«[231]. Sie fragte sich, ohne das Wort zu verwenden, ob die Freundin noch loyal *zu ihr* sei.

Hannah Arendt wartete mehr als einen Monat, um darauf zu erwidern. Sie verteidigte ausdrücklich, dass sie Broadwater »in den letzten paar Wochen ziemlich oft gesehen« habe. »Ich redete mit ihm als Freundin, und ich habe nicht gelogen. Für mich ist es eine Tatsache, dass Du ihn in mein Leben gebracht hast, dass er ohne Dich niemals ein Freund geworden wäre – kein persönlicher Freund, was er selbstverständlich nicht ist, sondern ein Freund des Hauses sozusagen. Aber nachdem Du ihn einmal dort hingestellt hast, kannst Du ihn jetzt nicht einfach von dem Platz wegnehmen, an dem er ist.«[232]

Hannah Arendt bestand darauf, dass sie entscheide, wen sie als Freund behandele, und sei es der Ehemann ihrer besten Freundin, die sich von ihm getrennt hatte, und dass sie loyal zu allen ihren Freunden sei, wie deren Verhältnis untereinander auch sei. Im Übrigen scheint sie letztlich Broadwater im Sinne McCarthys beeinflusst zu haben: Er willigte in die Scheidung ein.

Nicht nur durch diese Scheidungsgeschichte verdichtete sich der Briefwechsel, auch durch den Tod Heinrich Blüchers am 31. Oktober 1970. Am 1. oder 2. November teilte ihn Hannah Arendt der Freundin mit. Zehn Tage später telefonierten sie miteinander. Dann schrieben sie sich in rascher Folge Brief um Brief. Nach der Trauerfeier am Bard College etwa schilderte Hannah Arendt der Freundin ihre seelische Verfassung: »Ich funktioniere ganz gut, aber weiß, dass das kleinste Missgeschick mich aus dem Gleichgewicht werfen könnte. Ich glaube nicht, dass ich Dir erzählt habe, dass ich während zehn langer Jahre beständig Angst hatte, dass genau so ein plötzlicher Tod eintreten würde. Diese Furcht grenzte häufig an echte Panik. Wo die Furcht war und die Panik, da ist nun einfach Leere.«[233]

Mary McCarthy antwortete darauf: »Auf dem Flug kam mir der Gedanke, dass Du so lange mit diesem Tod gelebt hast, dass die Wirklichkeit in gewisser Weise eine Entspannung für Dich sein muss. Oder vielleicht nicht genau das, aber eine Art Reinigung, die Dich leer hinterlässt, doppelt leer sogar, weil du Deine Angst und Heinrich verloren hast. Aber die Abwesenheit der vertrauten Angst muss in gewissem Maße eine Erleichterung sein – eine vergiftete. Ich weiß nicht, wie Du damit umgehen wirst. Ich kann es mir nicht vorstellen. Du musst Dich fühlen, als ob Du mit jemandem lebst, den Du kaum kennst – mit Dir selbst ohne Angst.«[234]

Der Brief ist typisch für Mary McCarthy: nachdenklich, teilnehmend ohne Aufdringlichkeit, einfühlsam ohne Anmaßung. Sie konnte sich nicht nur in ihre Figuren hineinversetzen, sondern auch in ihre Freundin. Von den beiden war sie auch die bessere Psychologin.

Am Ende kam es in der Freundschaft nach fast 30 Jahren noch zu Fissuren. Anfang Mai 1974 erlitt Hannah Arendt, während sie Gastvorlesungen in Aberdeen hielt, einen Herzinfarkt. Mary McCarthy kam aus Paris, um ihr im Krankenhaus beizustehen. Anschließend reiste Arendt in ihr Ferienquartier nach Tegna im Tessin. Im September besuchte sie Mary und ihren Mann in Paris. Als sie abgereist war, schickte McCarthy ihr am 9. September einen elegischen Brief nach: »Danke für Deinen Besuch. Es war traurig, Dich am Flughafen durch die Tür gehen zu sehen, ohne dass Du Dich noch einmal umgedreht hast.

Etwas geschieht oder ist geschehen mit unserer Freundschaft, und ich kann nicht glauben, dass ich, wenn ich das spüre, überempfindlich bin oder mir Dinge einbilde. Das Mindeste, was ich vermuten kann, ist, dass ich Dir auf die Nerven gefallen bin. Dies nicht endlich auszusprechen – ich habe es schon in Aberdeen bemerkt, es damals aber abgetan – würde uns, oder auf jeden Fall mich, in eine falsche Lage bringen.«[235]

Auf so viel bedrückte Aufrichtigkeit der Freundin antwortete Hannah Arendt postwendend – in der ihr manchmal eigenen barschen Art: »Ich weiß nicht, warum ich mich auf dem Flughafen nicht mehr umgedreht habe [...]. Ich war sehr traurig, trotz Deiner Vorstellung von meiner ›splendid solitude‹. Ich bin natürlich einsam, wie jeder es in meiner Lage wäre. Du magst recht haben oder nicht, Deinen Freunden zu misstrauen, aber *mir* könntest Du doch wirklich nicht misstrauen – oder doch? Und was habe ich getan, um das zu provozieren? Und was hast Du in Aberdeen bemerkt, wo ich so dankbar war für jede Minute Deiner Anwesenheit? Um Himmels willen, Mary, hör auf damit, *bitte*. Ich sage das natürlich meinetwegen, und weil ich Dich liebe, aber ich kann es auch Deinetwegen sagen.«[236]

Nach einem Tag Gewissenserforschung ließ Arendt die Freundin in einem Nachtrag zu ihrem Brief noch wissen: »Es gibt absolut nichts, was mir einfallen würde. Was ich dagegen weiß, ist, dass ich in allen rein psychologischen Angelegenheiten nicht feinfühlig und eher begriffsstutzig bin. Aber das müsstest Du seit Langem wissen.«[237] Damit wollte Arendt das Thema beenden, aber McCarthy ließ nicht locker. Was die Zeit in Aberdeen angehe, schrieb sie ihr am 30. September, »so *weiß* ich, dass Du manches Mal böse mit mir warst (zum Beispiel, als ich Dir gelierte Früchte aus Paris mitbrachte), aber das habe ich als normale Reizbarkeit der Rekonvaleszenz angesehen und nicht als spezielle Reaktion auf mich.«[238] McCarthy fügte sogar noch hinzu, dass auch, als Arendt sie in ihrem Ferienhaus in Maine besuchte hatte, sie den Eindruck gehabt habe, ihr wohl wieder auf die Nerven zu gehen.

Auch Arendts Bemerkung, sie misstraue ihren Freunden, ließ ihr keine Ruhe: »Nein, ich misstraue meinen Freunden nicht. Was für eine Vorstellung.«[239] Allerdings habe sie Beistand von ihren Freunden vermisst, als sie Anfang des Jahres »von der Presse sehr hart behandelt wurde«, wegen ihres Watergate-Buchs *The Mask of the State.* Ihr »Gefühl der Verletztheit« sei zwar »eher allgemein als speziell«. Aber sie müsse daran denken, »dass, wäre einer meiner Freunde an *meiner* Stelle gewesen, *ich* meine Stimme erhoben hätte«. Sie zog aus dieser Feststellung eine für sie bittere Schlussfolgerung: »Das führt zu dem Schluss, dass ich anders bin, in einer mir unbegreiflichen Weise; *nicht zu verteidigen*, zumindest für meine Freunde. Sie mögen mich, aber unter Vorbehalten.«[240] Das wolle sie aber nicht auf Hannah Arendt beziehen. Denn die habe schlecht für sie öffentlich einstehen können, weil sie vor Jahren von ihr verteidigt worden sei, als sie wegen *Eichmann in Jerusalem* angegriffen wurde. Deswegen hätte man, überlegte McCarthy, wohl auch gesagt, »dass Du Deine Eichmann-Schuld zurückzahlst, dass wir uns gegenseitig Bücher gewidmet haben etc. etc.«[241]

Mary McCarthy hatte mit einer ähnlichen Reaktion schon auf ihren Essay gerechnet, mit dem sie 1963 *Eichmann in Jerusalem* verteidigte. Sie löste damals das Problem durch Offenheit: indem sie erklärte, mit der Verfasserin befreundet zu sein. Sie argumentierte zwar engagiert, doch um Sachlichkeit bemüht. Aber offenbar hat Hannah Arendt 1975 gar nicht daran gedacht, sich öffentlich auf McCarthys Seite zu stellen. Der Briefwechsel zwischen ihnen zumindest lässt das nicht erkennen.

Arendts Verhalten nach ihrem Herzinfarkt scheint Mary McCarthy deprimiert zu haben, weil es sie an einem wunden Punkt traf. Ihre Schlussfolgerung aus dem Verhalten ihrer Freunde, dass sie »*nicht zu verteidigen*« sei und nur »unter Vorbehalten« gemocht werde, ist ein tiefes existenzielles Bekenntnis, eines der traurigsten des ganzen Briefwechsels. Hannah Arendt antwortete darauf nicht. Vielleicht sprachen sie darüber, als sie sich Anfang November in New York wiedersahen, vermutlich aber nicht. Wohl zur Versöhnung gab Arendt eine große Party für McCarthy, die ihr dafür am 20. November dankte, allerdings nur knapp: »Die Tage bei Dir waren zauberhaft, mein Liebes.«[242] Auf weitere intime Geständnisse verzichtete sie fortan.

Auf McCarthys Verstimmung, die sie als Freundin glaubte aussprechen zu müssen, wollte Arendt nicht weiter eingehen. Sie schien ihr unbegründet, auf jeden Fall von ihr nicht beabsichtigt. Dass sie vielleicht trotzdem Aufmerksamkeit verdient hätte, kam ihr nicht in den Sinn – oder sie ließ es sich nicht in den Sinn kommen. Offenbar mochte sie, die mit ihren Freunden keinen politischen

Streit ausfechten wollte, auch keinen ›rein psychologischen‹ austragen.

Bei der Trauerfeier für sie in New York hielt Mary McCarthy eine Rede, die Ausdruck ihrer Liebe und Verehrung war. Ihrer Verehrung für einen Menschen, der »eine Stimme vernommen« hatte »wie jene, die zu den Propheten sprach«[243], deshalb »im Gedanken« gelebt habe, »einen Dienst zu tun oder eine Mission zu erfüllen«[244]; ihrer Liebe aber auch für die Frau, die sie schön nannte, »reizvoll, verführerisch, feminin«. Sie pries »vor allem ihre Augen, so leuchtend und funkelnd, wenn sie glücklich oder aufgeregt war, doch auch tief, dunkel, fern; Brunnen der Innerlichkeit. Es war etwas Unergründliches in Hannah, das tief in diesen glänzenden Augen zu liegen schien.«[245]

Mary McCarthy erwies sich mit dieser Rede einmal mehr als eine kluge und treue Freundin. Sie beanspruchte nicht, nach einer langen Zeit der Bekanntschaft das ›Unergründliche‹ der Freundin ergründen zu können. Sie wusste auch, dass Hannah Arendt ein solcher Anspruch fragwürdig gewesen wäre, gerade im Bezug auf sich selber: »Sie wollte nicht, dass man sie *kannte* – auf diese seltsam eingeschränkte Weise, die etwas Reduktives hatte.«[246]

In den öffentlichen Auftritten der Freundin entdeckte McCarthy auch »mehr als nur ein[en, D. L.] Zug von großer Schauspielerin«[247]. Wenn Arendt Vorträge hielt, habe sie sich in »eine wunderbare Bühnendiva« verwandelt, ähnlich Sarah Bernhardt oder »Prousts Berma«, und »ein Drama des Geistes« aufgeführt, »jenen Dialog zwischen Ich und Selbst, den sie so oft in ihren Schriften beschwört«[248]. Wenn sie nachdachte, habe Arendt das nicht nur auf Vortragsbühnen gezeigt. »Hannah ist der einzige Mensch, den ich je habe denken sehen«, erzählte McCarthy, »bewegungslos auf einem Sofa oder einer Couch, die Hände unter dem Kopf verschränkt, die Augen geschlossen, doch sich gelegentlich zu einem nach oben starrenden Blick öffnend.«[249] Bemerkenswert an diesem Bild einer Frau, die in ihre Gedanken versinken konnte und dabei zu sich kam, ist, dass sie das auch in der Gesellschaft anderer konnte: eine in manchen Momenten auch ihren Freunden und Freundinnen Entrückte.

Nach Arendts plötzlichem Tod unterbrach McCarthy, im Testament als eine Nachlassverwalterin eingesetzt, die Arbeit an ihrem neuen Roman *Cannibals and Missionaries* (*Kannibalen und Missionare*) und machte sich daran, das letzte, unvollendete Buch *The Life of the Mind* der Freundin zu edieren, den »krönenden Abschluss«[250] ihrer geistigen Arbeit. Sie brauchte dafür drei Jahre. Ihr eigener Roman musste warten und erschien erst 1978. Mary McCarthy tat für Hannah Arendt das, was die für Benjamin und Broch getan hatte. Sie ehrte die verstorbene Freundin, indem sie ihre Zeit und ihre Kraft deren nachgelassenem Werk widmete.

Der Maßstab: Karl Jaspers

»Lieber, lieber Karl Jaspers –

seit ich weiß, dass Sie beide durch den ganzen Höllenspektakel heil durchgekommen sind, ist es mir wieder heimatlicher in dieser Welt zumute.«[251] Das schrieb, ein halbes Jahr nach Kriegsende, am 18. November 1945, Hannah Arendt ihrem alten Professor Karl Jaspers nach Heidelberg. Von einem gemeinsamen Bekannten, dem amerikanischen Journalisten Melvin Lasky, hatte sie erfahren, dass Jaspers und seine jüdische Frau Gertrud Krieg und Verfolgung überlebt hatten, am Schluss allerdings nur mit Glück. Die Erleichterung, die aus dem Brief herauszulesen ist, hatte ihren Grund in einer Verbindung, die fast 20 Jahre zuvor begonnen hatte.

Im Wintersemester 1926/27 war Hannah Arendt Jaspers' Studentin geworden. Sie hatte ihr Studium in Marburg begonnen und es nach dem Ende ihrer geheimen Liebesbeziehung zu Martin Heidegger zunächst in Freiburg bei Edmund Husserl fortgesetzt, bevor sie zu Jaspers wechselte. 1928 promovierte er sie mit einer Arbeit über Augustinus. Sie verließ im folgenden Jahr Heidelberg, blieb aber mit ihrem Doktorvater in Kontakt. Er schrieb für sie Gutachten, mit denen sie sich bei verschiedenen

Stiftungen bewarb. Für ihre Dissertation verwendete er sich bei seinem jüdischen Verleger Julius Springer, der sie dann auch 1929 druckte. Nachdem Hannah Arendt 1933 aus Deutschland geflohen war, schrieb sie Jaspers noch kurz aus Paris und Genf, schließlich im September 1938 aus Luxemburg. Danach brach der Kontakt ab – oder besser: Arendt brach ihn ab, um Jaspers nicht in Schwierigkeiten zu bringen.

Nachdem sie ihm 1945 das erste Mal wieder geschrieben hatte, blieben sie bis zu seinem Tod 1969 in enger Verbindung. Von allen Korrespondenzen Arendts mit Freunden ist der Briefwechsel mit Jaspers nicht nur der umfangreichste, sondern auch der gewichtigste. Das hat mit der Eigenart ihrer Freundschaft zu tun und mit ihrer Geschichte. Anfangs war ihrer beider Verhältnis das zwischen der zwar eigenwilligen und eigensinnigen, aber respektvollen Doktorandin und ihrem strengen, aber wohlmeinenden Professor gewesen. Nach dem Krieg löste sich Hannah Arendt aus diesem Verhältnis, auch Jaspers war schnell bereit, es in eine Freundschaft zu verwandeln.

Die Grundlage dafür waren aber nicht die Lebensmittelpakete, die Hannah Arendt dem Ehepaar Jaspers gleich nach dem Krieg zukommen ließ, so willkommen sie auch waren. Es war die Intensität ihrer Zwiesprache, mit der sie bald die wichtigsten Fragen erörterten, die sie beide beschäftigten. Sie schrieben sich häufig, und kaum ein Brief blieb unbeantwortet. Das Verhältnis wurde so mit der Zeit immer enger. 1949 kam Arendt das erste Mal nach Basel, danach trafen sie sich nicht regelmäßig, aber häufig. Als 1958 der Friedenspreis des deutschen Buchhandels Jaspers zugesprochen wurde, hielt sie in Frankfurt die Laudatio, bei seiner Totenfeier in Basel dann, wie selbstverständlich, die Trauerrede. Nach seiner Frau wurde Hannah Arendt für Jaspers die wichtigste Gesprächspartnerin.

Ein großer Teil des Briefwechsels ist, erstaunlicherweise, geschäftlicher Art. Hannah Arendt kümmerte sich schon bald um die Verbreitung der Schriften ihres alten Lehrers in den USA. Sie vermittelte ihm Verlage, handelte Verträge aus, stellte Verbindungen zu Lektoren und Übersetzern her, bearbeitete manche seiner Bücher für die englischsprachige Ausgabe, etwa *Die großen Philosophen*, las mit einem kritischen Blick die Übersetzungen, überwachte die Drucklegung und hielt ihn über die Resonanz seiner Bücher auf dem Laufenden. Jaspers zeigte sich erkenntlich, indem er ihr die Übersetzungsrechte an seinen Werken übertrug, und er bot ihr schließlich sogar an, ihr ihre Bemühungen aus eigenen Mitteln zu vergüten – was sie ebenso diplomatisch wie entschieden ablehnte.

Die Geschäftspost, die zwischen Arendt und Jaspers hin und her ging, ist nur die äußere Seite der Arbeitsgemeinschaft, die sich bald zwischen ihnen entwickelte[252]. Niemand dürfte für die amerikanische Rezeption der Jaspers'schen Philosophie so viel getan haben wie Hannah Arendt. Sie warb für ihn bei verschiedenen Gelegenheiten und versuchte nach Kräften, seine Gedanken zu vermitteln. Den ersten großen englischsprachigen Auswahlband aus seinem Werk, *The Philosophy of Karl Jaspers* von 1957, begleitete sie mit einem Essay über ihn als »Bürger der Welt«. Zur Verleihung des Friedenspreises des Deutschen Buchhandels an Jaspers erschien 1958 im Piper Verlag eine

Broschüre mit seiner Dankrede und ihrer Laudatio. Zu seinem 85. Geburtstag schrieb Hannah Arendt einen Artikel, und die amerikanische Ausgabe von *Wohin treibt die Bundesrepublik?* versah sie mit einem Vorwort.

Jaspers gab ihr umgekehrt schon früh die Möglichkeit, wieder in Deutschland zu veröffentlichen, und zwar in der von ihm mitherausgegebenen Zeitschrift *Die Wandlung*. In deren Schriftenreihe erschien auch ihr erstes Buch nach dem Krieg auf Deutsch, *Die verborgene Tradition*, das ihm gewidmet ist. Diese Publikationsmöglichkeiten zu haben, war für Hannah Arendt wichtig. Auch wenn sie sich nach ihrer Emigration in den USA zunächst an ein amerikanisches Publikum wandte, verlor sie doch das deutsche nicht aus dem Blick. Mit der Hilfe ihres alten Lehrers war wenigstens ihr Werk dauerhaft in Deutschland präsent.

Jaspers erwähnte sie schon in seiner Rede zur Eröffnung der Heidelberger Universität 1946 als seine »frühere Schülerin«[253], allerdings noch ohne ihren Namen zu nennen. Für *Elemente und Ursprünge totaler Herrschaft* schrieb er ein Geleitwort. Auch für *Eichmann in Jerusalem* sprach er sich 1965 öffentlich aus. Sein Eintreten für sie führte unter anderem zur Entfremdung von seinem anderen prominenten Schüler, Golo Mann, der sich mit den Thesen Hannah Arendts wie mit ihrer ganzen Person nicht anfreunden konnte. So wurde ihre Freundschaft auch zur Prüfung für andere Verbindungen. Jaspers brach, schweren Herzens, den Kontakt zu Golo Mann ab, nicht ohne ihm noch einen Scheidebrief zu schicken. Ihm war das öffentliche Eintreten für einen anderen wichtig – sicher auch, weil er selbst es lange nicht erlebt hatte. Er legte

Wert darauf, wie er Arendt schrieb, »dass ich meinerseits mich öffentlich zu Ihnen stelle«[254]. Arendt wiederum hat sich öffentlich zu keinem ihrer Freunde so oft und so unzweideutig bekannt wie zu Jaspers.

Die Korrespondenz zwischen ihnen ist zu einem großen Teil ein fortlaufendes philosophisches Gespräch auf dem Papier. Beide trieb die Philosophie um, als Fach und als Sache. Beide standen dem akademischen Betrieb distanziert gegenüber, allerdings auf verschiedene Weise. Jaspers, der nie Philosophie studiert hatte, verstand sich als Außenseiter innerhalb der Zunft. Arendt strebte lange keine Professur an und lehnte einen Ruf nach dem anderen ab. Sie berichtete Jaspers jedoch von ihren verschiedenen Gastvorlesungen an renommierten amerikanischen Universitäten, mitunter enttäuscht oder verärgert, mitunter auch erfreut, wenn sie hatte, was sie ›einen Erfolg‹ nannte, der zumeist ein Lehrerfolg war. Sie charakterisierte gern Professoren, die Jaspers zum Teil gleichfalls kannte, manchmal mischte sich auch Klatsch in die Berichte. Gern nannte sie gewisse Koryphäen Dummköpfe – wobei diese Beurteilung noch milde ausfiel im Vergleich zu der mancher Politiker, die sie zu Schwachköpfen erklärte.

Über einige Philosophen tauschten sich Arendt und Jaspers immer wieder aus, Kant an erster Stelle, dann Platon, Kierkegaard und Nietzsche, Augustinus und Cusanus, schließlich auch Max Weber, den zumindest Jaspers als Philosophen betrachtete. Über manche konnten sie sich nicht recht einigen, etwa über Spinoza, den Jaspers höher einschätzte als Arendt, und Marx, den Arendt höher einschätzte als Jaspers. Kein lebender Denker beschäftigte sie beide so sehr wie Martin Heidegger. Eine Zeit lang war er der unsichtbare Dritte ihrer Korrespondenz. Das kann kaum überraschen, auch unabhängig von seiner Berühmtheit. Beide standen ihm zeitweise nahe. Von dem Liebesverhältnis zwischen Heidegger und Hannah Arendt wusste Jaspers lange nichts, bevor sie es ihm gestand. Jaspers wiederum klärte sie über seinen persönlichen Umgang mit Heidegger auf, den er öffentlich nicht richtig dargestellt fand.

Es war Heideggers Charakter, der sie beide beschäftigte, und die Verbindung zwischen seiner Persönlichkeit und seiner Philosophie. Im Zentrum stand dabei Heideggers Verhältnis zum Nationalsozialismus, zumal seine Rolle als Rektor der Universität Freiburg 1933/34, die sie beide scharf verurteilten. Ihre Einschätzung Heideggers wandelte sich jedoch. Anfangs bezeichnete Arendt ihn noch scheinbar unversöhnlich als »einen potenziellen Mörder«[255]. Später war es Jaspers, der ihm das Eintreten für den Nationalsozialismus nicht verzeihen konnte und dem die Philosophie des früheren Weggefährten immer fragwürdiger wurde. Ausdrücklich widersprach er 1966 Hannah Arendt, als sie bemerkte, man solle Heidegger »in Ruh lassen«[256]. Sein Verhalten, so Jaspers, sei »für die gegenwärtige Politik der Bundesrepublik keine Kleinigkeit«[257]. Arendt dagegen versöhnte sich mit Heidegger, den sie 1949 in Freiburg aufsuchte, und näherte sich ihm auch philosophisch wieder an, erkennbar allerdings erst nach Jaspers' Tod.

Neben manchen Philosophen beschäftigte Arendt und Jaspers freilich auch die Philosophie. Dass sie nicht beanspruchte, ihre Arbeiten seien philosophisch, ja öffentlich, etwa im berühmten Fernsehinterview mit Günter Gaus, darauf bestand, keine Philosophin zu sein, spielte für ihn kaum eine Rolle, ja er nahm es im Letzten, zu Recht, nicht ernst. Beide schätzten im anderen den philosophischen Habitus. Als Hannah Arendt Jaspers bekannte, sie habe keinen »Glauben«, aber eine »Art (kindlichen?, weil nie bezweifelten) Gottesvertrauen«[258], schrieb er ihr: »Ihr ›kindliches‹ Gottvertrauen, ist das nicht das der Philosophie? Wir sind irgendwo Kinder, sonst könnten wir nicht leben – und sind dankbar, dass alle Reflexion, die sich doch keine Grenze setzt, immer wieder am Ende einen unreflektierten Impuls findet, aus dem auch im Grunde alle Wahrheit kommt.«[259]

Als umgekehrt Jaspers Arendt wissen ließ, dass sie nach Ansicht Golo Manns die Neigung habe, zu übertreiben, wendete sie den Vorwurf gleichfalls philosophisch: »›Übertreiben‹ – natürlich. ›Sinnzusammenhänge‹, wie Sie sagen, sind anders kaum darzustellen. Sie übertreiben auch nicht, sie präparieren nur heraus. Denken übertreibt überhaupt immer«[260]. Dass solche grundsätzlichen Fragen immer wieder gestellt und erörtert wurden, macht den Briefwechsel allein schon lesenswert. Ungewöhnlich für Denker ihrer Zeit gaben sie sich aber nicht damit zufrieden, sich allein über Philosophen, philosophische Werke und Gedanken zu verständigen.

»Was halten Sie von der politischen Situation?«[261], fragte Arendt Jaspers 1959. Die Frage stellte sich beiden auch sonst oft. Über die ›politische Situation‹ berieten sie sich fortlaufend. Es gibt kaum ein wichtiges Ereignis oder eine bedeutsame Entwicklung vor allem in der deutschen und der amerikanischen Politik ihrer Zeit, auf die Arendt und Jaspers nicht zu sprechen kamen: die Turbulenzen des Kalten Krieges, die immer schwierige Lage in Palästina und später in Israel, den Ungarn-Aufstand, die Ära McCarthy, die Arendt wiederholt treffend und besorgt kommentierte, die amerikanischen Kongresswahlen der 1950er- und 1960er-Jahre, die Ermordung John F. Kennedys, den Vietnamkrieg und die Studentenproteste, schließlich in der deutschen Politik etwa die Berlin-Krisen und die Auseinandersetzung um die Gesetzgebung zur Verjährung von Mord, in die Jaspers mit seinem umstrittenen späten Bestseller *Wohin treibt die Bundesrepublik?* eingriff.

Durch diesen Austausch nahm Jaspers, der kaum vor den 1930er-Jahren begonnen hatte, politisch zu denken, auch an der Politisierung seiner ehemaligen Studentin teil. Während der chronisch Kranke zurückgezogen fast nur für seine Arbeit lebte, eröffnete sich ihm durch sie eine Welt – weniger die jüdische, die er schon durch seine Frau und ihre Familie kannte, als die amerikanische. Es war die der neuen Weltmacht, mit der er auch das Schicksal der Bundesrepublik verbunden sah. Hannah Arendt dagegen, die nicht daran dachte, aus dem Exil zurückzukehren, blickte distanziert auf die Jaspers bewegenden deutschen Verhältnisse, so sehr er sich auch bemühte, sie weiter als Deutsche anzusprechen. Gleichwohl las sie seine Deutschland-Bücher von *Die Schuldfrage* bis zu *Wohin treibt die Bundesrepublik?* zustimmend, ja geradezu begeistert.

Zu einer intensiven Auseinandersetzung zwischen ihnen kam es des Öfteren, etwa über die Einschätzung des Nationalsozialismus. Arendt hatte Zweifel an Jaspers' Kategorie der ›kriminellen Schuld‹, die er in seinem Buch *Die Schuldfrage* entwickelt hatte, und damit verbunden auch an seiner Kennzeichnung des Dritten Reichs als eines ›Verbrecherstaates‹. Sie war davon überzeugt, dass sich die Verbrechen der Nationalsozialisten »juristisch nicht mehr fassen« ließen und es deshalb für sie »keine angemessene Strafe«[262] gebe. Jaspers widersprach dem, »weil die Schuld, die alle kriminelle Schuld übersteigt, unvermeidlich einen Zug von ›Größe‹ – satanischer Größe – bekommt, die meinem Gefühl angesichts der Nazis so fern ist, wie das Reden vom ›Dämonischen‹ in Hitler und dergleichen. Mir scheint«, fuhr Jaspers fort, indem er ein Stichwort gab, das später noch Karriere im Werk seiner ehemaligen Doktorandin machen sollte, »man muss, weil es wirklich so war, die Dinge in ihrer ganzen Banalität [...] nehmen«[263].

Die Frage der ungeheuren Schuld und der ihr angemessenen Strafe stellte sich wieder mit dem Prozess gegen Adolf Eichmann. Schon im Vorfeld erörterten Arendt und Jaspers, die beide keinen Zweifel an der Schuld des Angeklagten hatten, grundsätzlich die moralische und politische Legitimation und die juristische Problematik des Gerichtsverfahrens. Jaspers plädierte für ein internationales Gericht, Arendt sprach auch dem Staat Israel ein Recht zu, den deutschen Schreibtischmörder abzuurteilen. Die Diskussion, die sie führten, fand ein Echo im »Epilog« zu ihrem Buch, in dem sie Jaspers ausdrücklich erwähnt.

Als *Eichmann in Jerusalem* ins Deutsche übersetzt wurde, riet Jaspers Arendt, ihre umstrittenen Bemerkungen über den deutschen Widerstand gegen Hitler zu präzisieren, »möglichst exakt zu sein, damit keine Missverständnisse auftreten«[264]. Schon früher hatte er sie, darin noch ganz ihr Lehrer, dazu angehalten, auf die Fakten zu achten und sich durch sachliche Fehler nicht der Kritik auszusetzen. Sie ging darauf ein, schon »weil die Pferde halt immer noch sehr leicht durchgehen«[265], wie sie aus Anlass ihres 60. Geburtstags altersweise schrieb.

Neben den sei es philosophischen, sei es politischen Fragen gingen Arendt und Jaspers auch immer ganz persönlichen nach. Arendt war sich 1945 über die Notlage des Ehepaars Jaspers vollkommen im Klaren und begann sofort, es mit Lebensmittelpaketen zu versorgen. Jaspers unterstützte sie später bei ihrem Versuch, eine Entschädigung für eine ihr in Deutschland entgangene Professur zu erhalten. Beide setzten sie einander über ihre Lebensverhältnisse in Kenntnis, etwa Unfälle und Krankheiten, Umzüge und Begegnungen. Arendt nahm an Jaspers' Überlegungen teil, Heidelberg zu verlassen und einem Ruf an die Universität Basel zu folgen – und ermunterte ihn dazu. Sie berichtete ihm über ihre Arbeit als Lektorin des nach New York übergesiedelten Schocken Verlags, über ihre Tätigkeit für die *Jewish Cultural Reconstruction Corporation* in Deutschland oder ihre Gastprofessuren. Jaspers wiederum nahm an ihrer Verzweiflung teil, als sie sich wegen *Eichmann in Jerusalem* einer Kampagne jüdischer Institutionen ausgesetzt sah und sogar von alten Weggefährten, selbst von Freunden wie Kurt Blumenfeld und Hans Jonas, kritisiert wurde.

Zu der Teilnahme am Leben des anderen kam die an seiner Arbeit hinzu. Fast von selbst verstand sich, dass sie die Schriften, die sie sich gegenseitig zusandten, auch jeweils kommentierten, nicht selten eingehend, einerlei, ob lobend, fragend oder zweifelnd. Jaspers ging am ausführlichsten auf Arendts Eichmann-Buch ein, das er Seite für Seite durcharbeitete, wie sein Leseexemplar zeigt, das sich in seiner Bibliothek erhalten hat. Er plante sogar, über die Auseinandersetzungen um *Eichmann in Jerusalem* ein eigenes Buch zu schreiben: das *Buch Hannah*, das unvollendet blieb. Arendt war dabei nicht wohl, schließlich konnte sie ihn bewegen, Abstand von dem Vorhaben zu nehmen.

Ohnehin ging es offenbar über seine Kräfte. Das Buch sollte zusammengehalten werden »durch die Vergegenwärtigung unabhängigen Denkens in allen nur möglichen Gestalten und der Gegenmächte«[266] – und in dieser schwer überschaubaren Ausweitung des Konzepts mag ein Grund für das Scheitern des Projektes gelegen haben. Das Stichwort des ›unabhängigen Denkens‹ trifft dennoch vollkommen auf Hannah Arendt zu – auf Jaspers selber allerdings auch. Unabhängigkeit des Denkens ist jenseits aller Themen und Interessen, was beide im Tiefsten verbunden hat.

Auch deshalb ist Jaspers eine bedenkenswerte Charakteristik der Autorin von *Eichmann in Jerusalem* gelungen. Es hielt das Buch für »ein neues Zeugnis Deines unbedingten Wahrheitswillens, in der Denkhaltung für tief und verzweiflungsvoll, in der Schreibweise für einen weiteren Beweis Deines literarischen Könnens«[267]. Allerdings fügte er auch, nüchtern wie fast immer, hinzu: »Wer jüdische Realitäten in solchem Lichte sich zeigen lässt, wie Du es tust, den spürt auch der Nichtjude als einen Feind. Das ist unser gemeinsames Schicksal. Du bist nur unvorsichtiger und rücksichtsloser, als ich es je war, und hast die literarische Wirkungsmacht, die mir abgeht. Merkwürdig: Du sagtest einmal, ich sage den Leuten so naiv die Wahrheit. Jetzt hast Du mich in dieser Naivität weit übertroffen.«[268]

Ähnlich ausführlich wie Jaspers auf *Eichmann in Jerusalem* ging Arendt auf *Die großen Philosophen* ein, die sie für die amerikanische Ausgabe redigierte. Als sie das große Buch mit seinen fast 1000 Seiten las, war sie voller Lob. Es zwinge den Leser, »mit dem Philosophen die Probleme zu erörtern, in ihrem Hin und Her der Gedankenwege und dem Für und Wider der Argumentation«[269]: »Es ist das erste Lehrbuch der Philosophie, das überhaupt je geschrieben wurde, von einer in diesem Sinne ganz unüberbietbaren Originalität.«[270] Diesem Superlativ fügte sie noch einen weiteren hinzu: »Wenn Sie mal in den Himmel kommen, und es geht da so zu, wie Sokrates es sich vorgestellt hat, dass man nur fortfährt, sich zu unterhalten, aber nun mit den Besten aller Zeiten, dann wird der alte Kant sich zu Ihren Ehren vom Sitz erheben und Sie umarmen.«[271] Wenn es so gewesen ist, wird Jaspers es ihr bei ihrem Wiedersehen im Philosophen-Himmel erzählt haben.

Eine so dauerhafte intensive Beziehung zwischen zwei Denkern ist in der Geschichte der neueren Philosophie ungewöhnlich, erst recht die zwischen einem Mann und einer Frau. Die Vielfalt der Themen und Interessen, die in ihrer Korrespondenz angesprochen wird, ist für sich schon bemerkenswert, sie macht den Briefwechsel zu einer großen Fundgrube, lohnend für unterschiedliche Lektüren, zumal philosophische und politische. Trotzdem liegt sein besonderer Wert aber im Letzten nicht darin – sondern darin, dass er das Dokument einer einzigartigen Freundschaft ist. Sie umfasste ihrer beider Menschsein, war in ihrem Denken ebenso wie in ihren Leben gegründet, sodass ihre intellektuelle sich von ihrer existenziellen Seite nicht trennen lässt.

Die freundschaftliche Verbundenheit veränderte, je tiefer sie wurde, deshalb auch ihren Diskurs, nicht nur im Ton, wenn Hannah Arendt lustvoll die Pferde durchgehen ließ. Sie wendeten untereinander auch insbesondere politische Themen anders, als sie sie in der Öffentlichkeit verhandelt hätten. Das gilt besonders für eines der großen Themen des Briefwechsel: das Jüdische, zumal das deutsch-jüdische Verhältnis. Vor allem auf Probleme der jüdischen Assimilation und jüdischer Identität kamen Arendt und Jaspers des Öfteren zurück. Beides gehörte offensichtlich zu der »jüdischen Erfahrung«[272] Hannah Arendts, die sie auch in ihrer »Lebensgeschichte« Rahel Varnhagens indirekt reflektierte.

Nicht zufällig kritisierte Jaspers das Buch. Uneins waren sie sich schon über die Frage der jüdischen Assimilation, die sie erneut erörterten, als Kurt Blumenfeld, von Arendt ermuntert, Jaspers aufsuchte. Jaspers wollte die zionistische Kritik der Assimilation, in der sich Arendt und Blumenfeld einig waren, nicht teilen. Er konnte sich eine Assimilation vorstellen, die nicht Aufgabe jüdischer Identität bedeutet. Er hatte dafür, aus seiner Sicht, geradezu handgreifliche Beweise. Denn assimiliert war nicht

nur seine gläubige Frau, sondern auch seine ehemalige Studentin, die mit der jüdischen Religion wenig anfangen konnte. Hannah Arendt war in ihren jungen Jahren eine assimilierte *deutsche* und sie wurde später eine assimilierte *amerikanische* Jüdin, die nicht praktizierte und mit einem nicht-jüdischen Mann verheiratet war. Gleichwohl hatte sie eine jüdische Identität, auch wenn sie sich der traditionellen rabbinischen Definition des Judeseins nicht unterwerfen wollte.

Wie immer man die beiden Positionen beurteilen mag – der Austausch über sie begann bezeichnenderweise als ein politischer, wurde dann aber ein nicht nur persönlicher, sondern ein existenzieller. »Aber wie ist ihre persönliche Existenz?« fragte Jaspers gleich 1945 Arendt[273]. Er wollte von ihr nicht zuletzt erfahren, als was sie sich nun begriff. Das hätte neugierig oder zudringlich erscheinen können, wenn sie sich ihm nicht hätte erklären wollen. Solche Aufgeschlossenheit gehörte zum Ethos ihres Dialogs.

Nicht nur in dieser Frage übten sie, was Jaspers als Kommunikation verstand. Der Begriff steht im Zentrum seiner Philosophie. »Die These meines Philosophierens«, hat er 1941 geschrieben, »ist: Der einzelne Mensch für sich allein kann nicht Mensch werden. Selbstsein ist nur in Kommunikation mit anderem Selbstsein wirklich.«[274] Kommunikation ist für Jaspers ein Verstehen-Wollen des anderen, »der Weg zur Wahrheit in allen ihren Gestalten«[275]. In ihrer Freundschaft lebten Jaspers und Arendt diese Philosophie der Kommunikation.

Dabei musste der eine mit dem anderen im Denken nicht harmonieren, nicht mit ihm in allem übereinstimmen.

Auseinandersetzung war für Jaspers ein Teil der Kommunikation. 1955, nachdem er u. a. Arendts Manuskript über Rahel Varnhagen kritisiert hatte, formulierte er das Prinzip ihres Gesprächs: »Es ist mir, als ob ein Widerstreit sich gezeigt hätte, der auf dem Boden unserer verlässlichen Solidarität nur umso wesentlicher und bewegender sein könnte.«[276] Geradezu erfreut, vielleicht sogar befreit griff Arendt im nächsten Brief die Wendung auf: »Mir scheint, beides war immer da«, nämlich Widerstreit und Solidarität, das sei »auch ein wenig Temperamentssache, mehr als Sie wahrscheinlich zuzugeben bereit sind. Der Boden bleibt immer derselbe, und dann, streiten tun wir beide gern«[277]. Was Arendt in anderen Freundschaften nicht immer gelang, konnte sie mit Jaspers: sich streiten, ohne sich zu überwerfen, uneinig sein, ohne sich zu entzweien.

Das machte es möglich, dass einer dem anderen widersprechen, auch seine Befangenheiten wissen lassen konnte. Jaspers machte von der Möglichkeit, zu mahnen und zu widersprechen, selbstverständlich Gebrauch, erwartete das aber von Anfang an auch von Arendt. 1954 schrieb er ihr: »Mir liegt außerordentlich viel an Ihrem Urteil und an ihren Gesichtspunkten. Sie können mich zu Korrekturen veranlassen.«[278] Das tat sie auch.

Zwischen Jaspers und Arendt entstand eine Verbindung, wie er sie sonst zu niemandem außer seinem Schwager Ernst Meyer unterhalten hat, der lange sein einziger enger Freund war. Seit 1961 duzten Arendt und Jaspers sich – fast 35 Jahre, nachdem sie sich kennengelernt hatten. Das war eine selten vergebene Auszeichnung durch den zurückhaltenden, auf Abstand bedachten Norddeutschen, der sich selber einen »Eisklotz«[279] nannte. Als er spät, 1963 unter dem Eindruck der Rezension, die Golo Mann über *Eichmann in Jerusalem* geschrieben hatte, darüber grübelte, »könnte auch Hannah einmal das Band zerreißen? sind wir doch so oft und auch in wesentlichen Dingen, wenigstens anscheinend, uneins«, gab er sich selber die Antwort: »Nein, sagte ich mir, das ist ausgeschlossen. Solcher Zweifel schon ist unerlaubt. Denn er führt an die Grenze, wo *alles* kracht, und dann liegt an dem Zweifelnden selbst die Schuld.«[280] Hannah Arendt war für Jaspers nicht über alle Kritik, wohl aber über allen Zweifel erhaben: als Denker, als Mensch, als Freundin im Letzten unbezweifelbar.

Ihre Verbundenheit mit ihm – und seiner Frau – war nicht weniger tief. Ebenso knapp wie emphatisch schrieb sie ihm zwei Jahre vor seinem Tod: »Was für ein ungeheures Geschenk diese Freundschaft ist!«[281] Nach *Die verborgene Tradition* widmete sie ihr 1963 zuerst auf Englisch, 1965 auf Deutsch erschienenes Buch *Über die Revolution* dem Ehepaar: »Für Gertrud und Karl Jaspers / in Verehrung – in Freundschaft – in Liebe«[282]. Verehrung und Liebe waren die Grundlage dieser ungewöhnlichen Freundschaft – auf beiden Seiten. Bei all ihren Auseinandersetzungen, die Arendt und Jaspers mal schriftlich in Briefen, mal mündlich vor Ort in Basel austrugen, kam es daher auch nicht zu einem Zerwürfnis wie in anderen einstmals engen freundschaftlichen Verbindungen Arendts.

Jaspers hat sie schon 1946 wissen lassen, was sie ihm

bedeutete. »In […] Ihnen spricht mich endlich jemand an, dessen Ernst mir fraglos ist, und von dem ich spüre, dass ihm an demselben gelegen ist, wie mir.«[283] Das war für Jaspers nach den Jahren der Verfolgung von existenzieller Bedeutung. Er schätze Arendt und ihre Freundschaft, schrieb er, weil sie ein Mensch sei, »der er selbst ist«[284]. Ihre Freundschaft war ihm deshalb ›kostbar‹: »Mit Ihnen verbunden zu sein, das verscheucht die Geister der Menschenverachtung und der herzlosen Gleichgültigkeit.«[285] Jaspers war begeistert von ihrer »so lebendigen, weltzugewandten, die Welt bejahenden und sich des Daseins freuenden Erscheinung«[286].

Hannah Arendt wiederum fühlte sich durch Jaspers nicht nur emotional, sondern auch geistig bestärkt und ermuntert. Als sie sein Buch *Der philosophische Glaube* las, schrieb sie begeistert: »Ja, nun machen Sie einem wieder richtig Lust, ein Weltbürger zu sein, oder richtiger, machen es wieder möglich.«[287] »Die Relativierung des christlich-jüdischen Glaubens aus einer so klaren unerbittlichen Tiefe« bringe »ein wirkliches Fundament für den Begriff der Menschheit und versöhnt im schönsten Sinne des Wortes«[288]. Immer wieder fand Arendt Sätze in seinen Schriften, die sie nicht nur bedachte, sondern die ihr nahegingen. Im Juli 1950 schrieb sie ihm: »›Weder dem Vergangenen anheimfallen noch dem Zukünftigen. Es kommt darauf an, ganz gegenwärtig zu sein.‹ Dieser Satz traf mich mitten ins Herz«[289]. Sie übernahm ihn als Motto.

Noch wichtiger als diese philosophische Ermunterung dürfte ihr die ganz persönliche gewesen sein. Zu seinem

70. Geburtstag dankte sie Jaspers für seine »Existenz, die genug gewesen wäre, für die frühen Jahre in Heidelberg, als Sie der Erzieher waren, der Einzige, den ich je habe anerkennen können; und für das Glück und die Erleichterung, die darin lagen, zu sehen, dass man erziehbar ist in Freiheit«[290]. Wenn es ihn nicht mehr gäbe, schrieb Arendt ihm ein Jahr später, »es wäre, wie wenn der Maßstab aus der Welt verschwunden wäre«[291].

Jaspers schätzte an Hannah Arendt besonders »die persönliche Treue« und »den Geist unbefangener Menschlichkeit«[292]. Vom anderen als Mensch sprachen beide in einem starken Sinn. Hannah Arendt hat in ihrer Trauerrede gesagt, Jaspers habe »das Menschsein exemplarisch verwirklicht und etwas, was wir sonst nur als Begriff oder Ideal kennen würden, leibhaftig verkörpert«: »die Verbindung von Freiheit, Vernunft und Kommunikation«, die er »an sich selbst exemplifiziert« habe[293]. Ganz konkret hat Hannah Arendt die »unvergleichliche Fähigkeit zum Gespräch«, die ihr Freund besaß, in ihrer Laudatio auf ihn zur Verleihung des Friedenspreises des Deutschen Buchhandels gerühmt: »Die herrliche Genauigkeit des Zuhörens, die ständige Bereitschaft, Rede und Antwort zu stehen, die Geduld, bei der einmal besprochenen Sache zu verweilen; ja mehr noch, die Fähigkeit, das sonst Verschwiegene in den Gesprächsraum zu locken, es sprechwürdig zu machen und so alles im Sprechen und Hören zu verändern, erweitern, verschärfen – oder, wie er selbst am schönsten sagen würde: zu erhellen«[294]. Das war Jaspers' Art, »in der Welt zu sein, ein Mensch unter Menschen«[295] und ein Freund der Freundin. Dass Hannah Arendt diese

Art hoch geschätzt hat, verrät, dass sie sich um dieselbe Haltung oder ›Gesinnung‹ bemüht hat. So ist es ihnen zusammen gelungen, exemplarisch und zugleich exzeptionell Freundschaft zu leben.

Freundschaft als gelebte Philosophie

Dass Philosophen, zumal Philosophieprofessoren, eine eigene Existenz haben, ist gelegentlich von Spöttern wie Sören Kierkegaard bestritten worden. Nicht jeden von ihnen betrifft, was er denkt; nicht jeder bedenkt, was er lebt. Auch Hannah Arendt war eher eine objektive Denkerin, der es um die »Sache« ging[296]. Und doch hat sie »im eminenten Sinne als Mensch existiert«[297]. Gleichwohl wurde sie keine ›subjektive‹ Denkerin im Verständnis Kierkegaards, und sie hat auch keine Philosophie der Freundschaft geschrieben. Aber sie hat sich, meist fallweise, Gedanken über sie gemacht. In ihrem *Denktagebuch* finden sich einige davon, allerdings jeweils nur knapp formuliert und untereinander nicht zu einem Ganzen verbunden. Auch im dritten, der Nächstenliebe gewidmeten Kapitel ihrer Doktorarbeit über Augustinus streift sie das Thema, mehr noch in ihrem Buch über Rahel Varnhagen, die sie 1936 Heinrich Blücher gegenüber, überschwänglich, ihre »wirklich beste Freundin« nannte[298], und nicht zuletzt in ihrer viel beachteten Rede über Lessing. Freundschaft war Hannah Arendt jedoch weniger ein philosophisches als ein praktisches Problem: ein Teil des gelebten Lebens, der vita socialis. Von dem, was Freundschaft ist und sein soll, hatte sie gleichwohl einen deutlichen Begriff. Man kann ihn aus der Art, wie sie sie als Teil ihrer privaten Existenz praktiziert hat, herauslesen.

Hannah Arendt schloss Freundschaften zunächst der Freunde wegen. Sie waren durchweg bemerkenswerte Persönlichkeiten, die für sie anziehend und zweifellos auch liebenswürdig waren. Wer ihr Freund war – und wen sie als Freund gewinnen wollte –, musste ihr allerdings wie Jaspers ›ein Mensch unter Menschen‹ sein: einer, der zweifellos mit anderen verbunden ist, ihr Freund, nicht ihr Feind. Die wechselseitige Anerkennung der Persönlichkeit und die Vergewisserung des gemeinsamen Menschseins machen die humane Seite ihrer Freundschaften aus. Dass die Menschlichkeit sich erst im unmittelbaren Umgang ganz zeigt, war dabei unausgesprochene Voraussetzung. Deshalb wünschte Arendt die *Anwesenheit* von Freunden. In der Geselligkeit, mehr als im schriftlichen Austausch, belebte und erneuerte sich ihr die Verbindung.

Freunde mussten auf jeden Fall zwei Eigenschaften besitzen: Wohlwollen und Treue. Wohlwollen war die Voraussetzung dafür, mit ihnen in Verbindung treten zu können, und sein Ausbleiben oder Schwinden immer ein Grund, sie zu beenden. Noch mehr Gewicht maß Arendt der Treue bei, »denn in der Freundschaft gilt die Treue zum Freunde als das Höchste« – und deshalb sei sie »der Freiheit der Liebe […] gerade entgegengesetzt«[299]. Pointiert fügte sie hinzu: »Eine zwei Wochen alte Freundschaft existiert nicht«[300]. Viele ihrer Freunde und Freundinnen kannte sie tatsächlich jahrzehntelang. Die Treue zu ihnen stellte eine Beständigkeit in ihrem zeitweise bewegten, von einigen, meist erzwungenen, Abbrüchen gezeichneten Leben her.

Auch wenn freundschaftliches Wohlwollen mit einer bestimmten Art von Zuneigung verbunden ist – zeitweise hätte Hannah Arendt »Liebe« gesagt –, trennte sie nicht nur in ihrem Verhalten zwischen Freundschafts- und Liebesbeziehungen. Sie achtete darauf, mit ihren Freunden, wie etwa Hans Jonas und Hermann Broch, kein sexuelles Verhältnis einzugehen. Mit ihren Liebhabern wiederum schloss sie nach dem Ende des jeweiligen Verhältnisses keine Freundschaft. Günther Anders und Martin Heidegger wurden für sie keine Freunde, auch Heinrich Blücher nicht: Er war ihr Mann. Sie war überzeugt davon, dass es so sein müsse. »Liebe«, heißt es in ihrem *Denktagebuch*, »hinterlässt in der Tat nichts als Andenken. Und niemals Freundschaft etc.«[301]

Die Anziehung, auf der Freundschaft beruht, mag manchmal so unerklärlich sein wie die Liebe, auch bei Hannah Arendt. Über die Art und den Grund der Sympathie ist deshalb schwer sprechen. Leichter erkennbar ist eine andere Bedingung für Freundschaft: die »Einheit der Lebensanschauung«[302], wie Kierkegaard sie nannte. Dass sie auch für Hannah Arendt eine entscheidende Rolle spielte, legt die Erklärung nahe, mit der sie bei der ersten Begegnung nach ihrem Streit Mary McCarthy die Hand zur Versöhnung reichte: »Wir beide denken in vieler Hinsicht sehr ähnlich.«[303] Umgekehrt dürfte das Zerwürfnis mit Kurt Blumenfeld, auch das mit Hans Jonas aus Anlass von *Eichmann in Jerusalem* auf den zumindest zeitweisen Verlust solcher grundlegenden Gemeinsamkeiten hindeuten.

Eine Übereinstimmung der Lebensanschauungen schließt unterschiedliche Ansichten zu anderen Fragen nicht aus. Aber es war Hannah Arendt wichtig, mit Freunden in wesentlichen Punkten der Haltung zur Welt, zu anderen Menschen, auch zu Politik und Gesellschaft übereinzustimmen – also in dem, was für sie nicht bloß ›Meinung‹, sondern ›Gesinnung‹ war. Offensichtlich suchte sie – ähnlich wie Rahel Varnhagen, die für sich das Wort ›Freunde‹ mit ›Gleichgesinnte‹ übersetzte[304] – nach solcher Einigkeit in Freundschaften. Das hat schon Aristoteles als typisch angesehen: Freunde suchten »die Eintracht« und sie bemühten sich, »sie am angelegentlichsten herbeizuführen, während sie die Zwietracht als eine feindselige Macht ebenso angelegentlich zu verbannen streben«[305].

Fraglich ist, wie weit die Eintracht gehen sollte. Dass sie nicht absolut sein muss, hat Hannah Arendt im Verhältnis zu Karl Jaspers erfahren. Sie hat diese Erfahrung aber nicht oft wiederholen können, nicht einmal in ihren lange währenden Freundschaften mit Hans Jonas oder Mary McCarthy. Jaspers war eine Ausnahme: Er *durfte* ihr widersprechen, weil er auch als Freund immer noch, wenngleich mit abnehmender Konzentration, ihr Erzieher blieb. Mehr als Kurt Blumenfeld war er ihr väterlicher Freund. Ansonsten entschied sie den Konflikt zwischen Wahrheit und Freundschaft oder unterschiedlichen Wahrheiten zwischen Freunden in der Regel auf die Lessing'sche Weise.

Hannah Arendt war mit einigen Berühmtheiten befreundet. Doch sie sammelte sie nicht. Wenn sie etwas

›sammelte‹, dann waren es Menschen, zu denen sie Nähe herstellen konnte. Insofern es dafür immer wieder des Zusammenseins bedurfte, waren Freunde auch Nächste für sie, und in der Verbindung zu ihnen liegt ein Moment von Nächstenliebe. Allerdings waren für Arendt Freunde besondere Nächste – ausgewählte, nicht beliebige, die einem zufällig begegnen wie der von Augustinus gedachte proximus. Arendts Nächstenliebe war nicht christlich begründet. Freunde waren ihre Nächsten nicht als Geschöpfe Gottes – der in ihnen geliebt wird –, sondern als Menschen. Nicht Mitleid stellte die Verbindung her, sondern Freude – Freude an der Existenz des anderen. Die Vielzahl und Vielfalt der Freunde war für Arendt dabei Teil der Pluralität, die Welt ausmacht. Freundlichkeit war ihr zugleich Weltzugewandtheit, allerdings eine gewollte und beabsichtigte.

Hannah Arendt war offensichtlich auf Freundschaft angewiesen. Sie half ihr, sich ›heimatlicher‹ in der Welt zu fühlen. In den ›finsteren Zeiten‹ des Exils mag das ein drängenderes Bedürfnis geworden sein, doch fühlte sie es offensichtlich auch vorher und nachher – sei es, weil die Welt, so wie sie ist, eben nicht einfach ›Heimat‹ sein kann, sei es, weil sie selbst in einem Gefühl der Einsamkeit lebte, und das nicht erst als heimliche Geliebte Heideggers in Marburg. Ihm gegenüber hat sie sich über ihr weibliches Lebensgefühl am deutlichsten erklärt. Nach ihrem Wiedersehen 1950 schrieb sie ihm: »Ich habe mich nie als deutsche Frau gefühlt und seit Langem aufgehört, mich als jüdische Frau zu fühlen. Ich fühle mich als das, was ich nun eben einmal bin, das Mädchen aus der Fremde.«[306]

Auch wenn sie bei der Gelegenheit, mit dem Titel des Schiller'schen Gedichts, im Zitat sprach, legte sie ein Bekenntnis ab – zu sich selber und ihrer Fremdheit in der Welt. Sie war allerdings, genau genommen, das Mädchen *in* der Fremde. Doch worin immer ihre ursprüngliche Fremdheit begründet gewesen sein mag: im Verhältnis zu ihren Eltern, im Bewusstsein ihrer Herkunft, in ihrer ausnahmehaften Intelligenz, die sie anderen zwangsläufig überlegen machte, sie auch arrogant wirken ließ – die aus dem Gefühl der Fremdheit erwachsene Einsamkeit muss für Hannah Arendt existenziell gewesen sein. Irgendwann aber scheint sie entschlossen gewesen zu sein, sie zu überwinden. Doch Heimat und Verbundenheit mussten erst hergestellt werden – und wurden es durch Freundschaften.

Von Freundschaft erwartete Hannah Arendt dabei eine tiefe Verbindung, Kommunikation in dem Sinn, den sie bei Jaspers kennengelernt hatte. Was sie im Gespräch mit Freunden suchte und nur in ihm finden konnte, war jenseits von geselligem Vergnügen oder Zeitvertreib »die eigentliche Mitteilung von Wesen zu Wesen«[307]. Kierkegaard hat dafür, lange vor Jaspers, eine gleichfalls prägnante und konzise Formel gefunden: In der Freundschaft unternehme es der Mensch, anderen »offenbar zu werden« – worin er sogar eine »Pflicht«[308] erkannte. Ob Hannah Arendt so weit gegangen wäre, mag dahingestellt bleiben; dass sie aber Freundschaft auch verstanden hat als eine Offenbarung des Selbst, liegt auf der Hand. Das machte für sie wesentlich das »Zu-zweit-Sein«[309] der Freundschaft aus.

Darüber hinaus hatten ihre Freundschaften verschiedene Seiten, etwa eine intime und eine intellektuelle und nicht zuletzt auch eine pragmatische. Sie hat gerade darüber kaum gesprochen, Freunden vielmehr stillschweigend Dienste geleistet, aber auch selbst Freundschaftsdienste in Anspruch genommen. Mary McCarthy gab sie ihre Manuskripte, damit sie ihr Englisch verbessere, Jaspers fragte sie, ob er ihr Gutachten schreiben würde, zuletzt für ihren Kampf um Wiedergutmachungszahlungen.

Dass Hannah Arendt der Freundschaft sogar eine politische Bedeutung beimaß, mag im ersten Moment überraschen. In einer der Aufzeichnungen ihres *Denktagebuchs* nennt sie »Freundschaft eine so eminent republikanische Tugend«[310]. Ein Grund dafür dürften die Verbindlichkeit und die »Verlässlichkeit« sein [311], auf der Freundschaft für sie gründete. Wie Aristoteles war sie offenbar überzeugt davon, dass Freundschaft »auch eine Art Tugend«[312] sei. Zustimmend zitierte sie, darüber noch hinausgehend, in ihrer Lessing-Rede die Ansicht der »Griechen«, »das eigentliche Wesen der Freundschaft« liege »im Gespräch«. Sie seien »der Meinung« gewesen, »dass das dauernde Miteinander-Sprechen erst die Bürger zu einer Polis vereinige«, weil das Gespräch »der gemeinsamen Welt gilt, die in einem ganz präzisen Sinne unmenschlich bleibt, wenn sie nicht dauernd von Menschen besprochen wird«[313]. Vor allem in den Freundschaften zu Jaspers und McCarthy hat Arendt diese Haltung leben können. Es scheint so, als hätte sie ihre Freundschaften auch als eine kleine Republik begriffen, die auf Tugenden wie Treue und Verbindlichkeit, Austausch und Verständnis beruht, die als persönliche zugleich zu bürgerlichen taugen. Kierkegaard mag so etwas gemeint haben, als er davon sprach, »wie die

Freundschaft dahin mitwirkt, dass man die Wirklichkeit ethisch gewinnt«[314].

Noch in einer anderen öffentlichen Äußerung hat Arendt Freundschaft mit Politik in Verbindung gebracht, als sie nämlich in ihrem offenen Brief an Gershom Scholem schrieb, sie habe nie »irgendein Volk oder Kollektiv ›geliebt‹«: »Ich liebe in der Tat nur meine Freunde und bin zu aller anderen Liebe völlig unfähig«. Das ist ein subjektives Bekenntnis und zugleich mehr als das. Mit dem aphoristisch zugespitzten Satz verabschiedet Hannah Arendt nicht nur, gewissermaßen mit der linken Hand, jeden Nationalismus, den der Juden eingeschlossen. Sie bezweifelt auch, dass es Liebe zu großen, letztlich abstrakten Gruppen gebe – vielleicht sogar, dass sie sie überhaupt verdienen. Die Liebe behält sie allein der Gruppe vor, die man sich selbst ausgesucht und zusammengestellt hat: gewissermaßen ihrer kleinen Polis. Freundschaft macht sie so zum Gegenbegriff etwa zu Volk, Nation oder Klasse, die nicht auf einer persönlichen Verbindung zwischen einzelnen Menschen gründen.

Schon Aristoteles hat behauptet, dass auch die Staaten durch Freundschaft zusammengehalten würden. Sie sei noch wichtiger als die Gerechtigkeit: »Unter Freunden bedarf es keiner Gerechtigkeit, wohl aber unter gerechten Menschen der Freundschaft; und der höchste Grad der Gerechtigkeit scheint sich mit der Freundschaft zu berühren.«[315] Wenn Hannah Arendt sich mit einigen ihrer Freunde, etwa mit Jaspers und McCarthy, auch mit Blumenfeld, über Politik verständigte, wollte sie sich aber nicht nur gemeinsam mit ihnen in der Welt orientieren.

Freunde in ihrem Gespräch miteinander waren für sie auch gerechter als Völker, zuverlässiger und ansprechbarer. Ein guter Freund war für sie vielleicht sogar ein besserer Mensch – auf jeden Fall überhaupt ein Mensch.

Zweifellos hat sie sich als Freundin von ihren besten Seiten gezeigt. Der Reichtum ihrer Persönlichkeit spiegelt sich in der Vielfalt ihrer Freundschaften wider. Sie hat zwar nicht in jeder von ihnen, aber doch in ihnen insgesamt alle Aspekte freundschaftlicher Beziehungen gelebt: die emotionale und die intellektuelle, die ethische und die existenzielle, die pragmatische und die politische. So machte sie die Freundschaft zu einer Erfahrung der Menschlichkeit: der ihrer Freunde und ihrer eigenen. Darin war sie tatsächlich ein Genie der Freundschaft. So mag auch für sie gelten, was sie von ihrem Freund Waldemar Gurian schrieb. Als er starb, trauerten seine Freunde um ihn, als wäre ein Familienmitglied von ihnen gegangen und hätte sie allein zurückgelassen. Er hatte erreicht, was uns allen aufgegeben ist: In dieser Welt hatte er seinen Wohnsitz errichtet und sich durch Freundschaft ein Zuhause auf der Erde geschaffen.[316]

Anmerkungen

Die Schreibweise der Originalzitate wurde behutsam an die neue Rechtschreibung angepasst.

1 Zit. n. Arendt/Johnson, 320.

2 Jonas: Erinnerungen, 293.

3 Arendt: Menschen in finsteren Zeiten, 47.

4 Ebd., 27.

5 Kristeva, 9.

6 Ebd.

7 Ebd.

8 Zu Leben und Werk vgl. Heuer u.a. (Hgg.): Arendt-Handbuch.

9 Vgl. Lamping: Kafka und die Folgen, 62 ff.

10 Vgl. dazu Young-Bruehl, 648–649.

11 McCarthy in: Arendt: Freundschaft, 91.

12 Kazin in: Ebd., 109.

13 Ebd., 114.

14 Arendt/Johnson, 164.

15 McCarthy in: Arendt: Freundschaft, 107.

16 Arendt/Jaspers, 421.

17 Arendt/Blumenfeld, 83.

18 Ebd.

19 Vgl. Young-Bruehl, 68–69.

20 Arendt: Wie ich einmal, 157.

21 Ebd., 69.

22 Ebd., 145.

23 Ebd., 179.

24 Ebd., 301.

25 Ebd., 107.

26 Ebd., 105.

27 Ebd., 156.

28 Ebd., 158.

29 Ebd., 89.

30 Ebd., 115.

31 Ebd., 114.

32 Arendt: Menschen in finsteren Zeiten, 42.

33 Arendt: Wie ich einmal, 91.

34 Vgl. Young-Bruehl, 101.

35 Vgl. Lamping: Ich lasse das Leben auf mich regnen.
36 Vgl. Young-Bruehl, 18.
37 Jonas: Erinnerungen, 111.
38 Ebd., 112.
39 Ebd., 113.
40 Ebd., 116.
41 Ebd.
42 Ebd., 115.
43 Ebd., 299.
44 Ebd.
45 Ebd., 111.
46 Ebd.
47 Ebd., 288.
48 Ebd., 289.
49 Ebd., 293.
50 Ebd., 287–288.
51 Ebd., 291.
52 Ebd.
53 Ebd., 292.
54 Ebd., 293.
55 Ebd.
56 Ebd.
57 Ebd., 293–294.
58 Ebd., 294.
59 Jonas: Handeln, 922.
60 Young-Bruehl, 483.
61 Arendt: Menschen in finsteren Zeiten, 41.
62 Ebd., 24.
63 Ebd., 42.
64 Jonas: Erinnerungen, 284–285.
65 Ebd., 285.
66 Ebd., 295.
67 Ebd., 276.
68 Ebd., 294.
69 Ebd., 295.
70 Ebd., 341.
71 Ebd., 341–342.
72 Kierkegaard: Brosamen, 206.
73 Young-Bruehl, 120.
74 Ebd., 163.
75 Vgl. Arendt/Blumenfeld, 249.
76 Ebd., 249/250.
77 Vgl. ebd., 49.
78 Ebd., 97.
79 Arendt/Jaspers, 233.
80 Ebd., 234.
81 Arendt/Blumenfeld, 109.
82 Ebd., 110.
83 Ebd.
84 Ebd., 241.
85 Ebd., 167.
86 Ebd., 158.
87 Ebd., 177.
88 Ebd., 173.
89 Ebd., 184.
90 Ebd., 144.
91 Ebd., 160.
92 Ebd., 176.
93 Ebd., 178.
94 Ebd., 183.
95 Ebd., 97–98.
96 Ebd., 135.
97 Ebd., 136.
98 Ebd.
99 Ebd., 106.
100 Ebd., 39.
101 Ebd., 42.
102 Young-Bruehl, 485.
103 Ebd.
104 Ebd.
105 Arendt: Wahrheit, 280.
106 Ebd., 48.

[107] Ebd., 53.
[108] Ebd., 54.
[109] Arendt/Blumenfeld, 40.
[110] Ebd., 67.
[111] Ebd., 50.
[112] Ebd., 55.
[113] Ebd., 56.
[114] Ebd.
[115] Ebd., 55.
[116] Vgl. Lamping: Karl Jaspers, 88 ff.
[117] Arendt/Benjamin, 184.
[118] Ebd., 151.
[119] Ebd., 184.
[120] Ebd., 33.
[121] Zit. n. ebd.
[122] Scholem: Benjamin, 239.
[123] Benjamin: Briefe, II, 804.
[124] Ebd., 810.
[125] Vgl. ebd., 846.
[126] Vgl. Young-Bruehl, 233–237.
[127] Vgl. Arendt: Denktagebuch, I, 68.
[128] Arendt/Benjamin, 165.
[129] Ebd., 185.
[130] Ebd., 180.
[131] Arendt: Benjamin, Brecht, 12.
[132] Arendt/Benjamin, 191.
[133] Ebd., 189.
[134] Ebd., 186.
[135] Ebd., 189.
[136] Arendt: Benjamin, Brecht, 17.
[137] Ebd., 21.
[138] Ebd., 62.
[139] Ebd., 57.
[140] Zit. n. Young-Bruehl, 132.
[141] Scholem: Benjamin, 269–270.
[142] Vgl. Arendt/Benjamin, 191–192.
[143] Vgl. ebd., 176–177, 179, 181.
[144] Ebd., 181.
[145] Arendt/Broch, 9.
[146] Ebd.
[147] Ebd., 11.
[148] Ebd., 52.
[149] Ebd., 137.
[150] Ebd., 18.
[151] Ebd., 23.
[152] Ebd., 33.
[153] Ebd., 35.
[154] Ebd., 21.
[155] Ebd., 25.
[156] Ebd., 154.
[157] Ebd., 156.
[158] Ebd., 137.
[159] Ebd., 139.
[160] Zit. n. Young-Bruehl, 279.
[161] Broch/Meier-Graefe, 342.
[162] Arendt/Broch, 165.
[163] Ebd.
[164] Broch/Meier-Graefe, 198.
[165] Ebd., 95.
[166] Ebd., 153.
[167] Ebd., 204.
[168] Ebd., 215.
[169] Ebd., 80.
[170] Ebd., 119.
[171] Arendt: Dichten und Erkennen, 5.
[172] Ebd., 6.
[173] Ebd.

[174] Ebd.
[175] Ebd., 8.
[176] Arendt/Blumenfeld, 151.
[177] Ebd.
[178] Ebd., 159.
[179] Arendt: Dichten und Erkennen, 5.
[180] Arendt/Johnson, 39.
[181] Ebd., 155.
[182] Ebd., 157.
[183] Ebd., 163.
[184] Ebd., 314.
[185] Ebd., 66.
[186] Ebd., 164.
[187] Ebd., 106.
[188] Johnson: Jahrestage, III, 1210.
[189] Arendt/Johnson, 11.
[190] Ebd., 165/166.
[191] Ebd., 165.
[192] Johnson: Jahrestage, I, 75.
[193] Johnson: Jahrestage, II, 873.
[194] Ebd., 873/874.
[195] Ebd., 874.
[196] Arendt/Johnson, 39.
[197] Ebd., 41.
[198] Ebd., 41/42.
[199] Vgl. ebd., 41.
[200] Vgl. Uwe Johnson: Gesine Cresspahl liest die New York Times, 667.
[201] Vgl. Johnson: Jahrestage I, 75.
[202] Arendt/Johnson, 164.
[203] Ebd., 47.
[204] Ebd., 98.
[205] Ebd., 321.
[206] Vgl. Young-Bruehl, 281–282.
[207] Arendt/Blumenfeld, 191.
[208] Arendt/McCarthy, 539.
[209] Ebd.
[210] Ebd.
[211] Ebd., 540.
[212] Ebd., 541.
[213] Ebd., 545.
[214] Ebd., 326.
[215] Ebd., 459.
[216] Ebd., 356.
[217] Ebd., 158.
[218] Ebd., 231.
[219] Ebd., 258.
[220] Ebd., 260.
[221] Ebd.
[222] Vgl. etwa ebd., 48, 334.
[223] Vgl. ebd., 346.
[224] Vgl. ebd., 365.
[225] Ebd., 383.
[226] Ebd., 427.
[227] Ebd.
[228] Ebd.
[229] Ebd., 427/428.
[230] Ebd., 349.
[231] Ebd., 169.
[232] Ebd., 176.
[233] Ebd., 393.
[234] Ebd., 396.
[235] Ebd., 518/519.
[236] Ebd., 519.
[237] Ebd., 519/520.
[238] Ebd., 523.
[239] Ebd., 524.
[240] Ebd.
[241] Ebd.
[242] Ebd., 525.

243 McCarthy in: Arendt: Freundschaft, 90.
244 Ebd.
245 Ebd., 95.
246 Ebd., 101.
247 Ebd., 96.
248 Ebd., 97.
249 Ebd., 99.
250 Ebd., 90.
251 Arendt/Jaspers, 58.
252 Vgl. Lamping, Jaspers, 41ff.
253 Jaspers, Rechenschaft, 215.
254 Arendt/Jaspers, 303.
255 Ebd., 84.
256 Ebd., 663.
257 Ebd., 665.
258 Ebd., 202.
259 Ebd., 205.
260 Ebd., 212.
261 Ebd., 407.
262 Ebd., 90.
263 Ebd., 99.
264 Ebd., 549.
265 Ebd., 685.
266 Ebd., 667.
267 Ebd., 567.
268 Ebd., 568.
269 Ebd., 354.
270 Ebd.
271 Ebd.
272 Ebd., 234.
273 Ebd., 61.
274 Jaspers: Rechenschaft, 415.
275 Ebd., 416.
276 Arendt/Jaspers, 299.
277 Ebd., 300.
278 Ebd., 287.
279 Ebd., 282.
280 Ebd., 577.
281 Ebd., 700.
282 Arendt: Über die Revolution, 5.
283 Arendt/Jaspers, 97.
284 Ebd., 108.
285 Ebd., 184.
286 Ebd., 652.
287 Ebd., 149.
288 Ebd.
289 Ebd., 189.
290 Ebd., 242.
291 Ebd., 274.
292 Ebd., 61.
293 Ebd., 719.
294 Jaspers/Arendt: Wahrheit, 38.
295 Arendt/Jaspers, 719.
296 Kierkegaard: Brosamen, 260.
297 Ebd., 463.
298 Zit. n. Young-Bruehl, 101.
299 Arendt: Denktagebuch, I, 50.
300 Ebd., 51.
301 Ebd., 279.
302 Kierkegaard: Entweder, 898.
303 Zit. n. Young-Bruehl, 281.
304 Vgl. Lamping: Ich lasse das Leben auf mich regnen, 64–79.
305 Aristoteles, 269.
306 Arendt: Wahrheit, 110.
307 Jaspers: Vernunft, 70.
308 Kierkegaard: Entweder, 901.

[309] Arendt: Denktagebuch, I, 548.
[310] Ebd., 12.
[311] Ebd.
[312] Aristoteles, 268.
[313] Arendt: Menschen in finsteren Zeiten, 41.
[314] Kierkegaard: Entweder, 901.
[315] Aristoteles, 269.
[316] Arendt: Menschen in finsteren Zeiten, 323.

Literatur

Die folgenden Titel werden, wenn nicht anders angegeben, unter Angabe von Verfassernamen oder Kurztitel und Seitenzahl zitiert.

Hannah Arendt: Rahel Varnhagen. Lebensgeschichte einer deutschen Jüdin aus der Romantik. München, Zürich 4. Aufl. 1983.

Hannah Arendt: Einleitung. In: Hermann Broch: Dichten und Erkennen. Essays, Band 1. Hg. und eingeleitet von Hannah Arendt. Zürich 1955, S. 5–42.

Hannah Arendt: Über die Revolution. Mit einem Nachwort von Hermann Lübbe. Gütersloh o. J.

Hannah Arendt: Walter Benjamin, Bertolt Brecht. München, Zürich 2. Aufl. 1986.

Hannah Arendt: Menschen in finsteren Zeiten. Hg. von Ursula Ludz. München, Zürich 1989.

Hannah Arendt: Denktagebuch. 2 Bände. Hgg. von Ursula Ludz und Ingeborg Nordmann in Zusammenarbeit mit dem Hannah-Arendt-Institut, Dresden. Mit 1 Porträtfoto und 17 Faksimiles. München, Berlin, Zürich 2002.

Hannah Arendt / Kurt Blumenfeld: »... in keinem Besitz verwurzelt«. Die Korrespondenz. Hgg. von Ingeborg Nordmann und Iris Pilling. Hamburg 1991.

Hannah Arendt / Mary McCarthy: Im Vertrauen. Briefwechsel 1949–1975. Hg. und mit einer Einführung von Carol Brightman. Aus dem Amerikanischen von Ursula Ludz und Hans Moll. München 1995.

Hannah Arendt / Hermann Broch: Briefwechsel 1946–1951. Hg. von Paul Michael Lützeler. Frankfurt a. M. 1996.

Hannah Arendt: Ich will verstehen. Selbstauskünfte zu Leben und Werk. Mit einer vollständigen Bibliographie. Hg. von Ursula Ludz. München, Zürich 3. Aufl. 1998.

Hannah Arendt / Karl Jaspers: Briefwechsel 1926–1969. Hgg. von Lotte Köhler und Hans Saner. München, Zürich 2. Aufl. 2001.

Hannah Arendt / Uwe Johnson: Der Briefwechsel 1967–1975. Hgg. von Eberhard Fahlke und Thomas Wild. Frankfurt a. M. 2004.

Arendt und Benjamin. Texte, Briefe, Dokumente. Hgg. von Detlev Schöttker und Erdmut Wizisla. Frankfurt a. M. 2006.

Hannah Arendt: Wahrheit gibt es nur zu zweien. Briefe an die Freunde. Hg. von Ingeborg Nordmann. München, Zürich 2. Aufl. 2013.

Hannah Arendt: Wie ich einmal ohne Dich leben soll, mag ich mir nicht vorstellen. Briefwechsel mit den Freundinnen Charlotte Beradt, Rose Feitelson, Hilde Fränkel, Anne Weil und Helen Wolff. Hgg. von Ingeborg Nordmann und Ursula Ludz. München 2017.

Aristoteles: Hauptwerke. Ausgewählt, übersetzt und eingeleitet von Wilhelm Nestle. Stuttgart 1963.

Walter Benjamin: Briefe. 2 Bände. Hgg. und mit Anmerkungen versehen von Theodor W. Adorno und Gershom Scholem. Frankfurt a. M. 1978.

Hermann Broch/Annemarie Meier-Graefe: Briefwechsel 1950/1951. Hg. von Paul Michael Lützeler. Frankfurt a.M. 2001.

Wolfgang Heuer u.a. (Hgg.): Arendt-Handbuch. Leben – Werk – Wirkung. Stuttgart, Weimar 2011.

Karl Jaspers: Vernunft und Existenz. Fünf Vorlesungen. Bremen 2. Aufl. 1947.

Karl Jaspers: Rechenschaft und Ausblick. Reden und Aufsätze. München 2. Aufl. 1958.

Karl Jaspers: Wahrheit, Freiheit und Friede. Hannah Arendt: ›Karl Jaspers‹. Reden zur Verleihung des Friedenspreises des Deutschen Buchhandels. München 1958.

Uwe Johnson: Jahrestage. Aus dem Leben von Gesine Cresspahl. Frankfurt a.M. 1970.

Uwe Johnson: Gesine Cresspahl liest die New York Times. In: Merkur 24 (1970), 267, S. 659–668.

Uwe Johnson: Jahrestage 2. Aus dem Leben von Gesine Cresspahl. Frankfurt a.M. 1971.

Uwe Johnson: Jahrestage 3. Aus dem Leben von Gesine Cresspahl. Frankfurt a.M. 1973.

Hans Jonas: Handeln, Erkennen, Denken. In: Merkur 30 (1976), 341, S. 921–935.

Hans Jonas: Erinnerungen. Nach Gesprächen mit Rahel Salamander. Vorwort von Rahel Salamander. Geleitwort von Lore Jonas. Hg. und mit einem Nachwort versehen von Christian Wiese. Frankfurt a.M. 2005.

Sören Kierkegaard: Entweder – Oder. Unter Mitwirkung von Niels Thulstrup und der Kopenhagener Kierkegaard-Gesellschaft hgg. von Hermann Diem und Walter Rest. München 1975.

Sören Kierkegaard: Philosophische Brosamen und unwissenschaftliche Nachschrift. Unter Mitwirkung von Niels Thulstrup und der Kopenhagener Kierkegaard-Gesellschaft hgg. von Hermann Diem und Walter Rest. München 1976.

Julia Kristeva: Das weibliche Genie. Hannah Arendt. Aus dem Französischen von Vincent von Wroblewsky. Hamburg 2008.

Dieter Lamping: Kafka und die Folgen. Stuttgart, Weimar 2017.

Dieter Lamping: Karl Jaspers als philosophischer Schriftsteller. Schreiben in weltbürgerlicher Absicht. Stuttgart, Weimar 2018.

Dieter Lamping: Rahel Varnhagen: Ich lasse das Leben auf mich regnen. Berlin 2021.

Gershom Scholem: Walter Benjamin – die Geschichte einer Freundschaft. Frankfurt a. M. 1975.

Elisabeth Young-Bruehl: Hannah Arendt. Leben, Werk und Zeit. Erweiterte Ausgabe mit neuem Vorwort. Aus dem Amerikanischen von Hans Günter Holl. Frankfurt a. M. 2004.

Zum Weiterlesen …

Dieter Lamping

Rahel Varnhagen. Ich lasse das Leben auf mich regnen

blue notes 93, 144 Seiten
Abb., Halbleinen, Fadenheftung
ISBN 978-3-86915-228-8

Heine nannte sie die »geistreichste Frau des Universums«, für Goethe war sie »eine schöne Seele« – Rahel Varnhagen fasziniert bis heute: Eine emanzipierte Jüdin, die sich taufen ließ, einen deutlich jüngeren nicht-jüdischen Mann heiratete und in Berlin in die Geschichte einging als Salonière, Chronistin und Gesprächspartnerin zahlreicher Künstler und Philosophen, darunter die Gebrüder Humboldt, Fichte, Hegel und Schleiermacher. Dieter Lamping zeichnet in seinem kenntnisreichen Porträt Rahel Varnhagens facettenreichen Lebensweg nach, im Mittelpunkt steht dabei ihr Versuch der Selbstfindung jenseits aller Konventionen – als Frau, Menschenfreundin und Wohltäterin.

– www.ebersbach-simon.de –

Simone Frieling

Ich schreibe, also bin ich

blue notes 83, 144 Seiten
Abb., Halbleinen, Fadenheftung
ISBN 978-3-86915-185-4

Anhand von Romanen, Briefen, Tagebüchern und Gedichten großer Schriftstellerinnen von Hannah Arendt bis Virginia Woolf zeigt Simone Frieling in ihren Porträts das Spannungsfeld, in dem sich weibliche Kreativität stets bewegt: Ob am Küchentisch wie Sylvia Plath, in der Zelle wie Rosa Luxemburg oder auf dem zugigen Dachboden wie Marina Zwetajewa – überall hier haben Frauen geschrieben und überall hier ist Weltliteratur entstanden, gegen alle Widrigkeiten der Welt.

– www.ebersbach-simon.de –

Simone Frieling

Rebellinnen
Hannah Arendt, Rosa Luxemburg und Simone Weil

blue notes 76, 144 Seiten
Abb., Halbleinen, Fadenheftung
ISBN 978-3-86915-170-0

Hannah Arendt, Rosa Luxemburg und Simone Weil – drei Kämpferinnen für die Freiheit, die bis heute nichts von ihrer Faszination verloren haben, vorgestellt in Einzelporträts von Simone Frieling. Alle drei waren sensibel, selbstbewusst und begabt, stammten aus assimilierten jüdischen Familien und wuchsen mehrsprachig auf. Modern und aufgeklärt stellten sie sich den sozialen, politischen, philosophischen und religiösen Fragen ihrer Zeit und handelten kompromisslos nach ihrer Überzeugung.

– www.ebersbach-simon.de –

1. Auflage 2022
© ebersbach & simon
Alle Rechte vorbehalten

Umschlaggestaltung: Lisa Neuhalfen, moretypes Berlin
Covermotiv: Hannah Arendt, 1944 / Photo © Fred Stein / Bridgeman Images
Grafiken: Simone Frieling
Satz: Birgit Cirksena · Satzfein, Berlin
Druck und Bindung: GGP Media GmbH, Pößneck
ISBN 978-3-86915-270-7

www.ebersbach-simon.de